与"三严三实"专题教育相结合的石油员工

重塑形象

"重塑中国石油良好形象"大讨论
员工学习读本

《重塑形象》编写组 编著

石油工业出版社

图书在版编目（CIP）数据

重塑形象："重塑中国石油良好形象"大讨论员工学习读本／《重塑形象》编写组编著.

北京：石油工业出版社，2015.10

ISBN 978-7-5183-0945-0

Ⅰ.重…

Ⅱ.重…

Ⅲ.石油化工企业-企业形象-中国-学习参考资料

Ⅳ.F426.22

中国版本图书馆 CIP 数据核字（2015）第 251381 号

《重塑形象》编写组：刘宝林　冯宝华　杨德勇　翟振宇

　　　　　　　　　王霄瑜　孙忠莲　江　涛

出版发行：石油工业出版社

　　　　　（北京朝阳区安定门外安华里 2 区 1 号　100011）

　　　　网　　址：www.petropub.com

　　　　编辑部：（010）64523582

　　　　图书营销中心：（010）64523633

经　　销：全国新华书店

印　　刷：北京中石油彩色印刷有限责任公司

2015 年 10 月第 1 版　2016 年 1 月第 4 次印刷

710×1000 毫米　开本：1/16　印张：13.5

字数：180 千字

定价：42.00 元

（如出现印装质量问题，我社图书营销中心负责调换）

序

为什么要重塑形象

这是一本探讨如何重塑企业良好形象的书籍。

企业形象是一种稀有、有价值的、可持续以及难以模仿的无形资产，因而是实现战略性竞争优势的有用工具。一个有着良好形象的企业，更容易吸引到人才，能够增加顾客对产品和服务的信心，能够建立更高的客户忠诚度，有利于企业保持长期的超额利润，巩固企业的竞争地位。

如果国有企业对负面形象任其发展，就会使其生存发展环境愈加恶劣，阻碍改革进程，错失发展机遇；就会影响党群干群关系，伤害职工群众的根本利益，极大地挫伤干部锐气和队伍士气。

企业形象关乎队伍的凝聚力和战斗力，关乎事业成败。

戴维斯·扬在《创建与维护企业良好的声誉》一书中提到："企业声誉是一件必须永远加以保护并悉心管理的无价之宝。创建声誉可能需要数年的时间，可要使名声扫地却只需片刻工夫。"企业创建声誉不易，维护更难，长期维护则难上加难。

在石油工业几十年的发展历程中，几代石油人为国分忧、为油奉献，不仅贡献了巨大的物质财富，而且创造了宝贵的精神财富，赢得了社会公众和国际同行的广泛认可，树立了中国石油良好的企业形象。

但在一个时期特别是近年来，受中国石油个别领导人员违纪违法案件和重特大安全环保事故等影响，公司形象和声誉受到严重损害，"我当个石油工人多荣耀"被蒙上了厚厚的阴影。

为什么要重塑形象？本书试图分理论、溯源、借鉴、重塑四个篇章，从理论到实践，旨在向读者全景式地呈现以下问题的解答。

——重塑形象是贯彻落实中央精神的实际行动。党中央、国务院对国企的改革发展和形象建设始终高度重视。习近平总书记多次强调国有企业的重要地位和作用，要求国企要加大正面宣传力度和形象公关力度，增信释疑，促进了解，树立良好形象。我们必须反思公司形象方面存在的问题和原因，采取果断措施推动公司凤凰涅槃、浴火重生，不辜负党中央、国务院的重托。

——重塑形象是赢得社会公众理解认同的重要举措。中国石油作为国内最大的油气生产供应企业和国际化经营的石油公司，涉及国计民生，利益相关者多，社会关注度高，要更加习惯于在社会公众监督的"聚光灯""显微镜"下推进工作，全面履行政治、经济、社会三大责任，以稳健的经营和业绩、优质的产品和服务、公开透明的运作，回应好各方关切，取信于社会公众。

——重塑形象是百万石油员工的共同愿望。石油战线广大干部员工历来听党话，跟党走，忠于国家和人民，并将个人前途命运与企业命运紧密相连。重塑中国石油良好形象，推动石油事业持续健康发展，事关广大干部员工的前途和福祉，更是大家的共同期盼。

——重塑形象是推进中国石油稳健发展的内在要求。良好的企业形象根植于企业综合实力的提升。特别是在公司形象受到严重损害的情况下，必须把重塑形象上升到事关企业生存发展的战略高度，坚持稳中求进、稳中有为，不断提升经营业绩和竞争实力，使公司发展更平稳、更健康、更可持续。

作为中国石油的一员，我们能为重塑形象做些什么呢？正是基于这样的问题导向思考，我们组织编写了《重塑形象——"重塑中国石油良好形象"大讨论员工学习读本》一书，旨在拓展员工讨论视野的同时，帮助全体干部员工凝聚共识，推动大讨论活动开展，"找回大庆精神铁人精神"，补足精神之"钙"。

在本书的编撰过程中，我们发现，企业软实力的定义非常丰富，企业声誉与企业形象尤其如此，前者作为全新的理念，在我国学术界才刚刚兴起，各种研究也是百家争鸣，没有模块化的研究成果，有些还是局限于解释。因此，尽管我们做了很大的努力，在本书中试图尽量全面地进行阐述，但错误在所难免，敬请指正。

编者

2015 年 10 月

重塑形象

目录

1. 是落实中央精神的实际行动
2. 是赢得社会公众理解认同的重要举措
3. 是百万石油员工的共同心愿
4. 是推动企业稳健发展的内在要求
5. 是公司发展中亟需解决的问题

⊖ 一、重要意义

以中央精神为指导，弘扬优良传统，解决突出问题，让中央放心、公众认同、员工满意 ⊖ 二、指导思想

——忠诚于党、忠诚于国家、忠诚于石油事业，坚决与党中央保持高度一致，在推进国家战略实施中敢于担当负责、勇于改革创新，努力贡献国家、回报社会、惠及员工，在保障国家能源安全和促进经济社会发展中发挥主力军作用。 ⊖ 1. 忠诚担当

——从严治党和反腐倡廉取得显著成效，政治生态全面净化，"四风"问题和腐败现象得到根本遏制，领导班子坚强有力，领导干部廉洁奉公，员工队伍奋发向上，优良传统作风发扬光大，文化凝聚力向心力持续增强。 ⊖ 2. 风清气正

——法治理念深入人心，公司治理体系完善，决策机制科学民主，权力运行规范有序，市场规则合理运用，经营行为诚信合规，制度执行到位，监督问责有力，违章违规、违纪违法现象有效根治，建成法治企业、阳光企业。 ⊖ 3. 守法合规

——公司发展稳健、业绩优良，国有资产保值增值，经营管理科学精湛，各类风险有效管控，重特大安全环保事故得到杜绝，企业大局和谐稳定，社会责任切实履行，公共关系融洽友好，成为优秀企业公民。 ⊖ 4. 稳健和谐

1. 取得共识，变成行动
2. 弥补短板
3. 争取在塑形象活动中取得先进
4. 探索石油文化之路
⊖ 5. 具体目标

⊖ 三、目标任务

开通企业微博，建立与社会沟通渠道
开通企业微信号，宣传企业形象，宣传石油传统
建立职工微信群，加强信息推送，提高及时通讯能力
⊖ 1. 运用好新媒体

公司内、外部网站开辟专栏，强化宣传教育
加大在石油网站的宣传力度
加大在石油报的宣传力度
⊖ 2. 发挥传统媒体力量

忆石油传统，讲身边故事
问卷调查、知识竞赛、公益活动
文艺、摄影、体育等活动
⊖ 3. 多管齐下开展活动

⊖ 四、方式方法

"重塑中国石油良好形象"
大讨论活动实施方案（思维导图）

六、保障措施

- **1. 领导重视，成立专门机构**
  - 成立专门小组
  - 完善党群机构建制和人员配备，使工作能落到实处
  - 发挥工会作用，每年两次去各业务点访谈，了解职工愿望和动态，解决实际困难，疏导不良情绪
  - 发挥共青团作用
- **2. 计划落实，建立工作大表，销项管理**
  - 明确责任部门
  - 明确完成时间
  - 明确工作质量
- **3. 纳入公司正常工作**
  - 正常情况每两周汇报一次
  - 特殊情况随时安排调整
  - 相关部门牵头负责，并督导相关工作

五、各环节具体内容

- **1. 学习讨论环节**
  - 企业形象是什么
  - 重塑形象靠什么
  - 我为重塑形象做什么
- **2. 查找问题环节**
  - 分清层次和重点
    - 班子：重点查找本单位本部门影响企业形象的班子建设、队伍建设、党风廉政建设、安全环保、依法合规等方面的突出问题
    - 领导：要结合工作业务和个人实际，重点查找自身影响企业形象的工作作风、廉洁自律、干群关系、担当作为等方面的突出问题
    - 员工：要结合本职岗位和个人实际，重点查找自身影响企业形象的爱岗敬业、遵章守规、言行举止等方面的突出问题
  - 结合巡视问题整改
    - 按问题分领导、部门负责
    - 建立销项制度
    - 接受巡视组复查
- **3. 整改提升环节**
  - 注重可操作性
    - 整改措施要目标化、具体化、责任化，明确分工、方式和进度要求，各级领导班子的整改方案要明确分管领导和分管部门的责任，逐条整改、检查、落实
  - 及时推广好经验
    - 让亮点成经验、让经验成制度，把典型推广开、标杆树起来，把成果展现出来、传播出去形成重塑形象的长效机制
  - 解决存量、杜绝增量问题
    - 要不断"回头看"，检查整改效果，该补课的补课，该回炉的回炉，确保大讨论活动取得实效，把活动的成效转化为干部员工敏锐的反应、综合的素质、担当的意识、创业的激情

企业的形象就是企业内外对企业的整体感觉、印象和认知，是企业状况的综合反映。作为公众性公司的中央企业，必然会面对企业内外部各利益方更高的衡量标准、更严苛的审视眼光。

　　企业形象作为一个综合性的系统工程，我们需要跳出感性的认知，更加理性地思考，统筹规划，从而形成具有内在性、倾向性和相对稳定性的公众态度。多数人的肯定或否定的态度才形成公众舆论，进而持续优化、提升企业形象价值。

理
论
篇

良好声誉：
把价值观融入企业的目标和远景规划

声誉是什么？《辞海》中"声"字就有"名誉"之意，《现代汉语词典》则将"声誉"解释为"声望名誉"，那么，企业声誉就应该是企业的声望和名誉。事实上，学术界对企业声誉这一学术术语尚未形成公认的定义。对企业声誉内涵的理解，不同时期的专家往往是从自己所处的学科角度进行表述的。

进入 21 世纪，企业声誉和声誉管理已经成为学界及企业界的热门话题。当企业之间的竞争由产品竞争、价格竞争、服务竞争、品牌文化竞争进一步演进为企业声誉的竞争，企业声誉 (Corporate Reputation) 和声誉管理已经成为西方学者的热门话题，对我国企业界来说这还是一个新课题。

近几年来，随着企业声誉事件的频繁出现，企业声誉管理开始引起了我国学界及企业界的重视。在普及声誉管理理论知识的基础上，我国学者对声誉管理理论的研究也在不断深化，声誉管理的研究视角不断增多，研究领域也不断扩大，包括从经济学、管理学、市场营销学、公共关系学等单一视角发展到多学科的交叉综合研究。

声誉管理突破了传统管理理论的束缚，把企业与环境之间的关系协调演化为企业对利益相关者的管理。因此，一些研究者提出了企业声誉管理的利益相关者模型，即企业通过准确决策、声誉投资和信息交往等活动，将企业声誉通过知名度、美誉度与信任度这三个维度，分别、有效地传达给企业的确定型、预期型以及潜在型利益相关者，对不同类型的利益相关者，管理的力度和内容有所不同，这样就能使企业管理者集中精力处理有关主要利益相关者的重大事务。互联网的高速发展，也导致一个庞大的消费人群的快速崛起。

在网络经济与全球化时代，我国企业越来越意识到，企业声誉管理、声誉预警成了企业战略的一个重大问题。

正如具有良好声誉的个人更容易获得事业上的成功一样，具有良好的企业声誉的企业比那些声誉较差的企业拥有更多的商业优势。一个有着良好声誉的企业，更容易吸引和培养人才，获得人才对企业的忠诚度，也更容易增加顾客对企业产品和服务的信心，建立更高的客户忠诚度。同时，良好的声誉能够长期保持企业的良性发展，并有利于企业构筑较高的市场竞争壁垒，从而有效地巩固企业的市场地位。企业声誉是一种可培育的、有价值的、可持续的，以及难以模仿的无形资产，是企业保持战略性竞争优势的重要工具。可以说，当前我们正生存在一种电子化生态环境之中。回顾近几年来国内市场发生的越来越多的声誉危机事件，我们更加充分地认识到，对于中国企业来说已经到了必须重视声誉管理的时候了。而且，随着经济全球化在中国市场的纵深推进，以及越来越多的中国企业走向国际市场，声誉管理的问题更加严峻地摆在企业的面前。

显然，对企业声誉的研究与管理已经成为企业的当务之急。在新的市场环境下，企业的声誉事件可以演化为一股巨大的力量，良好的企业声誉和形象可以帮助企业在危机时刻渡过难关，赢得社会公众的信任；声誉形象不好的企业，由于缺乏公众信任与忠诚度，一旦企业处于劣势市场地位，遭遇负面事件，企业的大厦就可能面临坍塌。因此，在信息经济迅猛发展、市场要素自由流动的今天，网络已经成为人们获取信息的第一渠道，乃至成为人们工作、生活、消费、娱乐的全新工具，企业不仅要重视建设自己的战略硬件，更要注重培育自己的战略软件。面对新的竞争环境，企业对自身的软性要素，诸如企业声誉的投资与管理，已经成为企业能否在网络经济时代立于不败之地的首要条件。因此，企业理应把声誉管理和声誉战略作为自己重要的战略问题来对待。

💡 启示：声誉塑造

第一，企业家应重视长远的价值观。

在打造企业声誉的过程中，企业家的作用是十分关键的。组织共同体内部的价值观确立往往有企业家认知和行动的烙印。管理学研究也表明，核心领导人的文化信仰、行为特征是企业文化的重要影响因素。因此，企业家在打造企业声誉上具有重要作用。如果企业家能够把永续经营的价值观融入企业的目标和远景规划，并通过企业制度建设规范下来，在决策和行动当中体现这一价值追求，企业就具备了声誉价值观的坚实基础。

第二，以内部诚信为基础。

企业家要打造企业声誉和传播企业声誉文化通常是通过他的经营决策、人事任命和制度建设体现出来的。在这个过程中，首先要实现的是对内部员工的诚信。员工是企业市场策略的执行者，是与利益相关者直接接触的组织成员。他们是否能够理解企业声誉作用并帮助企业建立声誉，对于企业而言也是非常重要的。而他们勤勉、忠诚工作动力的来源，是企业对员工承诺的重视，即企业家和管理者们对员工激励制度的严格执行。企业对员工守信，员工就会从认知和行为上习得这种严守承诺的理念，就会自觉地维护企业的声誉。

第三，以外部诚信为关键。

当前，大量的企业不重视企业声誉，造成了声誉缺失，极大地影响了市场秩序。事实上，声誉缺失的影响并不限于单个企业。2004年广东普宁劣质"情人梅"事件被报道以后，除普宁、揭西地区的凉果业被重创，从果农、厂家到销售商的整个产业链面临困境之外，其他地区的具有良好声誉的凉果厂家以及蜜饯类的其他产品销量也直线下降。这正是经济学上的"劣币驱逐良币"

的生动例子。因此，打造企业声誉的关键，是保持对企业外部利益相关者的诚信，要切实维护企业外部利益相关者的利益。不仅单个企业必须具备对外交易的诚信理念，用制度来约束对外交易的败德行为，企业所属的行业及其相关的行业组织也应该行动起来。

第四，提高企业诚信宣传度。

企业要打造声誉的磁场效应并扩大磁场效应，不但要做到对内对外的诚信，而且要把这种诚信的理念和现实的例子通过宣传让利益相关者都知道。一个典型的成功例子是海尔集团。海尔总是善于把企业在经营过程中所发生的事件收集起来，比如重视订单的如期完成，员工为了兑现对客户的承诺如何克服艰苦的条件为客户解决问题等，概括和提炼出其中对于建立企业声誉的教育意义，并通过企业的文化手册、企业内部的刊物以及外界媒体的广泛报道，向所有的利益相关者宣传。这样，企业的声誉效应就在利益相关者之间传播开来。一两个事件的报道就会对社会认知的定型产生催化的作用，从而将企业声誉形象逐渐建立起来。

第五，以履行社会责任为己任。

企业在市场中最重要的利益相关者就是消费群体，为了获得消费群体对于企业的支持，单纯提供质量上乘的产品已经不能获得市场先机。积极地履行企业社会责任、组织参与各类社会活动，才能有效拉近企业同消费者之间的距离，为企业赢得企业声誉。就像匹克公司，组织篮球挑战赛所花费的资金相对于企业运作来说是微不足道的，但是从中赢得的企业声誉和口碑效应是不能用金钱来衡量的，这样的声誉为企业的进一步发展赢得了大量潜在的消费者和商业合作伙伴。

💬 典故：声誉资本

曾经有个人，身在旅途已经好久了。一路长途跋涉，带的食物已经吃完，他又累又饿。当他赶到一个小村庄，他想："也许，有人愿意分我点吃的。"这个人叩开第一间农舍，他和女主人之间有这样一段对话：

"可以给我一点吃的吗？我走了好长的路，实在太饿了。""对不起，我没什么可以给你。"女人答道。于是这个异乡人走到第二家，又开始讨吃的，可是回答还是一样的。他挨家挨户地走下去，每一次都遭到了拒绝。但是终于有个村民说："我只有一点水而已。"

"谢谢你，"异乡人的脸上满是感恩的笑意，"我们可以用那些水做汤啊，我们来做石头汤吧。"他向这个村民要了口锅，就开始生火了。水开的时候，另一个村民路过，问他在干什么。"我在煮石头汤呢，"异乡人答道，"你也可以来尝一尝嘛！"好奇的村民接受了邀请。

"首先，我们得在汤里放一块特别的石头，"异乡人说，"这可是块魔石啊！"他将手伸进背包掏啊掏啊，拿出一个他随身携带多年的包裹，他小心翼翼地打开，里面正是那块特别的石头。他把石头放进不停翻滚的锅里。很快，村民们都听说了，有个怪人，能用石头做汤呢。他们开始聚拢来，围在火边，问这样那样的问题。"你这石头汤，是什么味道啊？"有个村民问。

"嗯，要是来点洋葱的话，味道会更好。"异乡人老老实实地说。"噢，洋葱我倒有一点。"这个村民答道。又一个村民说："我可以带点胡萝卜过来。"接着，另一个说："我的园子里还有点马铃薯。我去拿些过来。"一个接着一个，每个村民都在锅里放了些吃的。原本只是一点水和一块魔石，但是现在锅里煮着的是美味的汤，足够全村的人喝呢。异乡人和村民们坐在一起，享受这场盛宴，一想到自己也帮忙创造了这个奇迹，大家更是乐开了怀。

这个故事包含的道理其实跟我们提出"声誉资本"这一概念密切相关。我们赋予声誉资本以价值，其关键处在于：它虽然没有独立的、固有的价值，但是一旦与其他的商业相联系，它的价值就凸显出来了。再想想这个故事：石头真有魔力吗？正因为村民们相信这块石头有某种魔力，他们才会踊跃参与，做成了这锅汤。单单看这块石头，试图找出它本身的所谓"公市价"，那么我们反而忽略了重点。

📖 通鉴：构建企业声誉

正如具有良好声誉的个人很容易获得事业上的成功一样，具有良好的企业声誉的企业比那些企业声誉较差的企业拥有更多的商业优势。一个有着良好声誉的企业，更容易吸引到人才，能够培养起更高的忠诚度，能够增加顾客对产品和服务的信心，能够建立更高的客户忠诚度，有利于企业保持长期的超额利润，并且能够构筑市场进入壁垒，抵御竞争者进入，巩固企业的竞争地位。毫无疑问，企业声誉是一种稀有的、有价值的、可持续，以及难以模仿的无形资产，因而是实现战略性竞争优势的有用工具。

那么，在互联网时代，面对着信息不对称降低对品牌工具的有效性的威胁，面对着社会公众对企业自身不断上升的关注，面对着企业声誉的巨大回报，企业应该如何构建自己的企业声誉呢？

如果在企业形象与企业自我认同之间存在着差距，比如，在品牌模式的运作下，企业形象通常要优于企业的自我认同，那么很有可能企业内部的负面消息和情绪会通过某种渠道发布到公众之中，从而影响企业形象和声誉。如果企业形象和企业期望形象不相符，那么企业需要考虑根据企业期望形象，调整消费者、合作伙伴和社会公众对于企业的认知、评价和情感关系，以实现企业的战略。如果企业的自我认同和期望认同有差距，那么也需要根据企业战略调整企业股东、董事会和员工对于企业的认同，否则企业战略可能无法贯彻执行。

企业要协同企业形象、自我认同和期望认同，弥合三者之间的差距，避免由差距带来的问题，最重要的就是首先企业自身要立意"与人为善"，要制定富有社会责任感和强烈企业公民意识的战略体系，并用基于这个战略体系之上的企业期望认同去整合三角形的其他两条边。

在当下阶段，企业声誉之所以受到关注，不仅是因为信息不对称的极大降低，使得企业本身面临着由品牌营销模式存在的漏洞而带来的巨大威胁，还因为整个商业世界对于企业社会责任、企业公民理念的关注。企业社会责任倡导一种新型的商业理念，即不以牺牲环境与社会利益为代价来获取利润，在开展商业活动的同时还要承担相应的社会责任。

企业公民理念则更进一步，要求企业的经营能够同时回报各个利益相关方——股东、员工、客户、合作伙伴、资源与环境和社会，要同时在所有这6个方面实现盈余。正是在企业社会责任和企业公民理念的驱动下，更多人开始关注企业自身的行为而不仅仅是企业的产品品牌。而企业富有社会责任感的举动，或者好的企业公民行为，则会帮助企业树立良好的企业形象，建立良好的社会声誉。

在以期望认同来整合自我认同和企业形象时，声誉故事的工具将会有很大的帮助。声誉故事就是一个个包含企业的使命、道德和战略内容，并结合了企业期许的行为模式的故事。声誉故事在公司内部和外部的发布，将帮助所有的利益相关者建立与企业期望认同相符合的认知、评价和情感联系。

其次，在以期望认同来整合三角形的其他两条边的同时，要弥合企业形象与自我认同的差距。在这里，声誉故事的工具依然非常有效。但是企业声誉的建立过程，企业形象与自我认同整合的过程会很长，要想顺利完成企业声誉的建立过程，企业需要建立非常良好的激励机制：在企业形象优于自我认同的情况下，帮助企业员工建立起良好的自我认同，以避免企业内部的负面信息和情绪影响企业形象；在企业自我认同优于企业形象时，避免由于企业形象较低从而影响员工的工作热情。

如果企业能够立意"与人为善"，制定富有社会责任感和强烈企业公民意识的战略体系，并用基于这个战略体系之上的企业期望认同成功整合企业的自我认同与企业形象，那么企业将会建立起良好的声誉。这种良好的声誉将给企业带来长久而难以模仿的竞争优势。

品牌形象：
把有价值的资产赋予无价的内涵

　　品牌形象是指存在消费者记忆中的品牌联想所反映出来的品牌相关感知。消费者根据每一属性对每个品牌发展出来的品牌信念，对某一特定品牌所持有的信念组合成为品牌形象，而消费者可能会因个人的经验、选择性认知、选择性扭曲、选择性记忆的效果，会对某一品牌的信念有所不同，并用以区别不同卖方与竞争者的产品和服务。

　　如同企业有自己的声誉、形象和身份一样，品牌也有自己的声誉、形象和身份。企业声誉和形象是两个截然不同的概念，但它们之间有一种动态的相互作用的关系，即利益相关者所持有的企业形象能被他们对公司的全面评价即企业声誉所影响，并且同时企业声誉在很大程度上也会受到企业形象的影响。品牌声誉在这点上与企业声誉类似。品牌声誉与品牌形象是不同的两个概念，品牌声誉会影响品牌形象，反过来，品牌声誉也会在很大程度上受到品牌形象的影响。品牌声誉是一个品牌知名度与品牌形象驱动的结果，清晰明了的品牌形象会促使消费者对该品牌产生良好的印象，从而提高消费者对该品牌的整体评价，使该品牌获得良好的声誉；同时，品牌声誉的加强又会强化品牌形象，增加消费者的品牌联想。

一、品牌信任

　　品牌信任是指消费者在其与品牌间互动上有安全感，使基于品牌对消费者利益及福利具有可靠及可信赖的认知。其含义除代表着信赖感及安全感外，更意味着品牌信任令个人处于风险之下，归因于对品牌所代表价值承诺的信任。同时也显示一种普遍的期望，关系着正面或负面的产生结果，因此需要建立品牌的特质——信任属性（如可靠、信赖等），现将品牌信任的要素在图1表示出来。

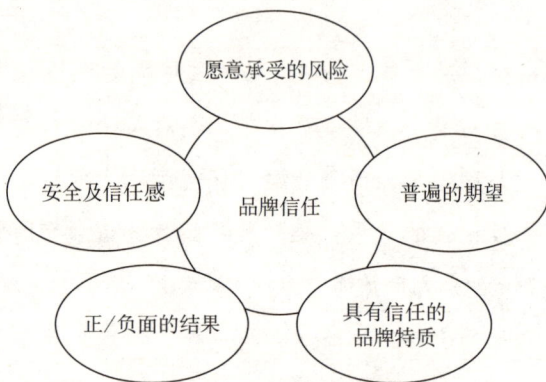

图1　品牌信任构成

二、品牌忠诚

品牌忠诚度是消费者满意先前的使用及购买经验，而创造出对品牌的一种偏好程度；而衡量品牌忠诚度可以通过再购买、购买的百分比及该品牌的购买数来做直接的衡量。品牌忠诚度的价值在于可以降低营销成本、交易杠杆、吸引新顾客、有时间回应竞争者的威胁。品牌忠诚度的定义除了要有重复的行为之外，还包含了态度上是偏好该品牌的，两者整合在一起，才可视为具有品牌忠诚度。品牌忠诚包括态度忠诚和行为忠诚，即消费者不仅态度上是偏好该品牌的，而且还会产生重复购买的行为。

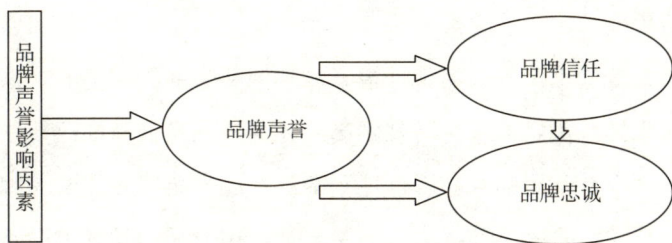

图 2　品牌声誉影响因素

✈ 拓展：品牌声誉内涵及作用

（1）品牌声誉的内涵。

美国市场营销协会对产品品牌的定义：品牌是一种名称、术语、标记、符号或设计，或是他们的组合运用，其目的是借以辨认某个销售者或某群销售者的产品或服务，并使之同竞争对手的产品和服务区别开来。因此，可以将品牌声誉定义为：依据一个品牌的过去表现，消费者对该品牌所具有的一致性评价，这种评价会影响消费者对品牌的认知品质，从而影响他们对品牌的信任和忠诚。

品牌声誉有以下几个特点：第一，品牌声誉的评价主体是消费者；第二，品牌声誉直接跟消费者的购买意愿或行为相关；第三，品牌声誉强调了时间性，其形成来源于品牌过去的表现；第四，品牌声誉关注的主要是品牌的产品品质属性。

（2）品牌声誉的重要作用。

①良好的品牌声誉会提升消费者的认知品质。

品牌声誉是指在一种长时间下，一个品牌所具有的高的且正面的知名度与形象。因此品牌声誉越好的产品，其总体的评价也会较高，消费者对此产品的认知品质也越高。品牌声誉作为一种产品的"速记",为消费者提供了关于产品的大量信息,好的品牌声誉能增加消费者的购买信心。消费者总是倾向于把那些具有良好声誉的品牌跟高产品品质以及低认知风险联系起来,有理由相信一个众所周知的品牌往往跟高的产品安全成正比。品牌常被消费者作为评价产品品质的外部线索,消费者会利用产品的品牌来推断或维持其对产品的认知品质,同时品牌也可代表整个产品的所有信息。清晰的品牌可使消费者易于辨认产品、评估产品品质,降低购买时的认知风险,确认品牌所能满足的需求,进而得到差异化的感受和满足;成功的品牌塑造对于消费者而言更是一种价值的创造,并能被目标消费群认同,所以良好的品牌声誉可与竞争品牌形成明显的区分。

②良好的品牌声誉有利于增加品牌资产。

具有良好声誉的品牌,通常代表着更高的产品质量,顾客往往有更强的购物倾向,这有利于培养消费者的忠诚。同时作为回报,品牌声誉好的企业往往能得到更高的产品溢价,消费者愿意支付较多的溢价购买具有良好品牌声誉的产品。

对于企业经营者而言,无不期望拥有良好的品牌声誉,从而能增强品牌资产成果的优势。而影响品牌声誉的因素有品牌广告、消费者的品牌熟悉度、品牌独特性、竞争者数量等。

③良好的品牌声誉是企业品牌延伸的重要前提。

所谓品牌延伸是企业运用已建立的品牌名称运用于新产品上,既有的品牌被运用于品牌延伸的根源称为原有品牌,如果原有品牌透过品牌延伸并与其他产品类别相结合,也可称为家族品牌。许多公司早已使用品牌延伸来强化公司的价值并享受成功的品牌所带来的利益。

品牌延伸实际上就是延伸品牌声誉。一个企业在做品牌延伸的决定时,有三种效应会发生作用:第一种,直接品牌声誉效应,即一个企业的核心产品品牌声誉影响消费者购买同一品牌名称的新产品的意愿（包括核心产品的附加销售额）；第二种，回馈品牌声誉效应，如果按同一品牌名称销售下的新产品的表现影响消费者未来购买核心产品的意愿；第三种，标志效应，即一个企业使用同一品牌名称来开发新产品影响消费者购买新产品的意愿（包括核心产品的附加销售额）。

（3）品牌声誉的影响因素。

①品牌的产品表现。

消费者的直接经验来源于其在与产品和服务的接触或者使用过程中。在此过程中消费者产生对它们的认知。如果在与产品和服务的接触过程中，消费者的认知是良好的，这会使品牌声誉对它们未来的购买行为产生直接的作用。

消费者对一个产品的态度在消费者购买初期会起到关键的作用，会影响这个交易过程的满意度。在消费者接近购买以及在以后购买阶段过程中，突出品牌声誉就显得很重要了。产品表现会影响消费者对一个品牌的评价（品牌声誉）。当消费者享受到高的产品品质时，这种评价会加强；而当消费者享受低的产品品质时，这种评价又会减弱；如果消费者享受到的产品或服务是劣质品的时候，这种消费体验会对消费者对品牌的整体评价产生了非常大的消极影响。

②品牌广告与公共关系。

如果一个品牌的可知度以及可信性很高，该品牌就能获得消费者更高的评价和尊敬。随着经济过剩化的出现和加剧，企业之间的竞争日益白热化，广告、公关等传播方面的竞争必然成为信息社会中企业市场竞争的主要内容和手段之一。品牌广告是品牌沟通的一种，我们一般理解的品牌沟通就是广告和促销，而实际上品牌沟通远远超越了广告和促销的范畴。品牌沟通贯穿于消费者获取信息、做出购买决策，以及到产品使用中的经历，乃至产品使用后的评价这样的整个过程。

要建立良好的品牌声誉，企业就必须要学会愉悦顾客，这要求企业除了要提供非凡的产品品质以及能很好地信守诺言之外，还要通过广告以及公共关系营销，在消费者之间传播关于品牌的口碑。但同时，企业要关注品牌负面的口碑的传播。负面的口碑会使一个企业在公共关系营销方面的所有努力付之东流。因此，企业对消费者的抱怨应足够地加以重视，而且有必要构建一条能倾听消费者抱怨的反馈机制（如免费热线），并且应该把这类事件（顾客抱怨）公之于众。这样，不愉悦的消费者才能实实在在的发泄他们的不满。企业的这类公共关系的努力将会让消费者感觉到企业真正的关心他们的感受。这种行为的结果使得企业避免了潜在的威胁，而且能在消费者当中传播有利于企业的积极的口碑。另外，针对能对品牌声誉产生消极影响的谣言和其他形式的信息交流，企业应反应迅速，在它们还处于初级阶段的时候，就对它们予以足够重视，并及时和妥善地加以处理。营销部门不能等谣言已经传开的时候再去处理，因为任何由于品牌声誉的损害所带来的后果都不可能很快就得到恢复。

③消费者品牌熟悉度。

消费者品牌熟悉度是一个持续的变量，它反映了消费者对一个品牌相关的直接以及间接地经验。对于那些在全国性媒体做广告的品牌，消费者对此类品牌的熟悉度更高。消费者熟悉度高的品牌会给企业带来竞争优势：消费者在商场购物的时候会倾向于留意熟悉品牌，在电视等媒体的大量广告中，消费者也会更加关注熟悉品牌；更为重要的是，对于熟悉品牌的购物计划会使得消费者希望与该品牌发生一定形式上的沟通。

声誉传播：
认识新媒体环境下的企业声誉管理

近年来，随着互联网技术的迅猛发展，信息传播也出现了日新月异的变化，由传统大众媒体（广播、电视、报纸和杂志）过渡到以互联网网站为代表的新媒体，再到这两年涌现的以微博和微信为代表的自媒体。"自媒体"这一概念最早出现在 2002 年，由硅谷著名 ET 专栏作家 Dan Gillmor 提出。2003年 7 月 Shayne Bowen 和 Chris Willis 在美国新闻学会的研究报告中将自媒体定义为"在普通公众经过数字科技与全球知识体系相连接后，一种提供与分享他们真实想法、自身新闻的途径"。从广义来讲，自媒体也属于新媒体的范畴，它在传播主体、传播受众、传播内容、传播方式、传播效果方面与传统媒体有非常大的区别，其特征如下。

一、传播主体草根化、平民化

2004 年 Dan Gillmor 出版专著《自媒体：草根新闻，源于大众，为了大众》，著作标题就鲜明地解释了自媒体对信息传播的主体的影响。在新媒体出现之前，传统大众媒体牢牢地掌握着公共舆论的话语权，门槛非常高，个人离开了大众媒体，几乎没有办法对信息进行大规模传播。新媒体尤其是自媒体的发展大大降低了信息传递主体的门槛，实现了信息传播主体的草根化、平民化。有网友这么形容微博：当你有 100 个粉丝时，你相当一本内刊；超过 1000 个，你成为一个公告栏；超过 1 万个，你成为一本杂志，通过 10 万个，你变成一份都市报；超过 100 万个，你变成一份全国性报纸；超过 1 亿个，你就成了CCTV。

二、传播的主体与受众之间界限更模糊，互动性更强

在传统媒体时代，传播主体和受众的界限是清晰的；在自媒体时代，个体既是传播主体，也是受众，主体与受众之间的界限变得模糊。传播受众在接收信息的同时，一方面可以给传播主体即时反馈，从而把传播主体变成传播受众；另一方面可以把接收到的信息迅速地再传递出去，从而把自己变成传播主体。传播主体与受众的互动性转换和界限模糊在微博和微信中都体现得特别显明。

三、传播方式网状化，媒体间互动便捷

传统的大众媒体往往是一对多或多对多的传播方式，不同媒体之间信息的跨界传播较慢。新媒体出现后，不同媒体间的互动更加便捷，媒体间信息传递几乎同步，传播方式呈现多元化，不仅可以实现传统媒体的一对多、多对多传递，更可实现一对一以及多对一的信息传播，由此实现了网状化的信息传播，信息在不同平台、不同媒体之间传播更便捷。近年来，越来越多的企业声誉危机，经历了从自媒体到新媒体再到传统媒体的跨界传播，最后变成全媒体行业声誉危机的演化路径。

四、传播内容更加简短、碎片化和去中心化

与传统媒体相比，新媒体在传播内容上呈现简短、碎片化和去中心化的特征。以微博和微信为代表的新媒体都强调内容的简短性以140个字为上限，要求内容短小精悍，这跟传统媒体在文字表述上强调逻辑的严密性、结构的完整性形成鲜明对比。新媒体传播的内容也更加杂乱，网上有则笑话，称美国联邦调查局在对百亿条微信信息进行分析后，向奥巴马报告说，"35%的微信内容是人生教诲感悟，25%是吃货们晒的各种美食，30%是养生常识，

最后 10% 是不转发会如何如何的垃圾信息"。虽然是则笑话，但也显示了新媒体传播内容碎片化的特征。新媒体在传播内容上的另外一个特征是去中心化，即在信息传递中不再存在一个居于传播中心的主体，而是传播主体完全分散化，信息的传递内容及重点随机性和不确定性更强。

五、传播的效果更加深远，瞬间会形成强大的舆论波

2008 年 3 月，加拿大吉他手戴夫•卡罗尔乘坐美国联合航空公司航班，在芝加哥转机时目睹了行李员野蛮搬运行李的过程。到达目的地后，发现其价值 3000 多美元的吉他受损。在随后的 8 个月里，卡罗尔先后向美国联合航空公司在芝加哥、纽约、加拿大甚至印度的服务部门投诉，要求赔偿修复吉他的 1200 美元费用，结果"皮球"总是被踢来踢去，始终得不到美国联合航空公司的正面回复。最后，卡罗尔制作了一首 MV，名叫《联航损坏了吉他》，并上传到 You Tube 网站，这一歌曲在网上迅速蹿红，短短数天点击量超过百万次。歌曲的蹿红引起了网络的热议，进而引起了网友对美国联合航空公司服务态度的讨论，一时间网络上充斥着对美国联合航空公司的负面评价。网络上的负面评价影响了资本市场的股票价格，美国联合航空公司的股价应声下跌，短短数天市值蒸发了 1.8 亿美元。在舆论和资本市场的双重压力下，美国联合航空公司公开道歉，答应赔偿卡罗尔的吉他，并赠送 1200 美元的飞行券。

在国内，"微博打拐事件""老罗怒砸冰箱事件""7.23 温州动车撞车事件""江西宜黄强拆自焚事件""上海胶州路大火事件"等报道的传播，新媒体都发挥了非常大的作用，短时间内形成了强大的舆论波，在揭露真相、监督政府、推动事件解决方面都发挥了强有力的作用。可以说，与传统媒体相比，新媒体在信息传递时效、传播范围、传递影响面上具有更广泛的影响。

六、议程设置更加困难

议程设置观点认为，虽然大众媒体无法决定人们对某一现象或事件的看法，但可以通过提供相关信息和设置相关议题来影响人们的兴趣关注点或问题讨论的先后顺序。在传统大众媒体环境下，媒体组织的自我价值倾向、内部审查机制、资本及财团的政治倾向、行政当局的舆论限制都会通过议程设置有效左右信息的传递内容及呈现次序，进而对公众获取信息的时候和重点产生影响。在新媒体时代，由于信息传递主体与受众的边界模糊、信息传递的网状方式、传递内容的碎片化以及传递时效性的增强，使议程设置更加困难。传统的信息筛查机制难以有效阻止信息的大面积传播。

分析：新媒体对企业声誉管理的挑战

（1）影响企业声誉的因素更多元。

在传统媒体环境下，影响企业声誉的主要是影响较大的新闻性事件，比如重大伤亡性事故、重大产品缺陷、重大群体性行为、严重的财务丑闻或违法犯罪事件。常规性的管理问题或单一性的营销问题由于受到传播渠道的限制，很难成为影响企业声誉的因素。但在新媒体时代，尤其是自媒体的出现，信息大众传播的门槛大大降低，许多细微的事件如果处理不当，都有可能对企业声誉构成伤害。近年来，越来越多的企业家内部讲话，甚至私密场合下的发言被公开从而引起公众的议论。眼下，企业家和核心高管的生活隐私、个人兴趣爱好、公司的内部管理行为、绩效考核、单一客户的投诉等细微事件都有可能引发舆论媒体的广泛关注，进而对企业声誉产生负面影响。另外，随着信息挖掘技术的发展，信息的关联性也大大加强，行业内某一企业的声誉问题会迅速波及行业内其他公司，甚至跨行业影响上下游企业及其他关联企业，即"躺着中枪"的企业越来越多。这些都无疑增加了企业声誉的影响因素，给企业的声誉管理带来挑战。

（2）个体行为对企业声誉的影响更大。

在传统媒体环境下，不借助大众媒体的帮助，个人很难将自己的声音在较大范围内传播。在个体与公司企业对抗的情形下，由于媒体资源及话语权的不对等性，个体的声音很容易被公司企业的声音所掩盖。因此，除非成为公众性事件，个体行为很难对企业声誉产生广泛的影响。但在新媒体环境下，个体的话语权则大大加强，"草根"、弱势群体的声音更容易获得公众的信任与认同。从公司老板、核心高管到普通员工甚至是外部单一利益相关者都有可能基于自身感受对企业产生负面的评价，并借助自媒体将信息传递到大众面前，进而对企业声誉造成伤害。

（3）对声誉环境的监控更困难。

在传统媒体环境下，企业需要关注的媒体相对单一，报纸、期刊、电台和电视是仅有的几种媒体形式，不同的媒体有不同的信息渠道，信息跨媒体流动比较慢。对公司企业来说，声誉环境比较容易监控，根据行业、企业规模和业务范围，只要锁定特定媒体即可监控企业的声誉环境。互联网的出现，大大加快了信息传播的速度，扩大了传播范围，同时促进了信息的跨媒体传播，自媒体的出现不仅进一步加快了这一趋势，而且去中心化的传播特性使企业的声誉环境更加复杂。海量的信息、多元化的传播来源、不同媒体间的交替传播、难以准确定性（有利的信息或不利的信息）都使企业对声誉环境的监控变得更加困难。

（4）声誉危机的爆发更具偶然性且影响更大。

在传统媒体环境下，声誉危机的爆发往往是一个由量变到质变的逐步演化过程，演变过程相对较慢，声誉危机的最终爆发都有着一定的必然性，即客观的行为结果及主观的过错与失误较为明显。但在新媒体尤其是自媒体环境下，随着个体传播信息的便捷性大大提升，声誉危机的爆发则更具偶然性，许多小概率事件极易演化成大危机。另外，在自媒体环境下，信息传递的范围更广、传播内容的现场感更强、持续报道的连续性更久，对声誉危机的影响更大。一次危机性事件就往往把整个企业的所有家底尤其是负面的信息全都暴露出来，从而使企业近乎透明地呈现在媒体和公众面前，无处可躲、无处可藏。

（5）传统的媒体公关和危机控制技巧失效。

在传统媒体环境下，企业的媒体公关可以实现常态化、程序化管理，即依据企业的特性选择若干家媒体，通过广告投放、新闻策划、舆情收集、座谈调研等多种方式与媒体建立紧密合作关系，即能达到一个较好的信息传递效果。在遇到危机的时候，可以通过信息封锁、定向的信息投放、立场倾向明显的新闻报道等方式就可以对危机进行有效控制。但在新媒体环境下，信息传播的主体实现多元化，"草根化"、平民化的自媒体都能传递海量的信息，因此企业很难事先锁定有效信息传递的主体。企业爆发声誉危机后，传统的信息封锁、定向的信息投放，包括在网络上删帖、"灌水"等行为已难以阻止信息的大范围扩散。因此，在新的媒体环境下，传统媒体公关和危机控制技巧不再有效，企业亟须建立新的媒体公关体系和声誉危机控制体系。

（6）对声誉管理的时效性要求更高。

在传统媒体环境下，公众对企业声誉管理提出了时效性的要求，比如企业发生突发事件，通常会要求企业在第一个工作日做出有效回应。但在新媒体环境下，突发性事件往往会以近乎现场直播的方式进行传播报道，这就要求企业摒弃上下班的传统观念，必须在第一时间做出回应，否则极易对企业声誉产生大的冲击。有专家研究发现，在自媒体环境下如果一个企业不能在4个小时内对危机性事件做出有效反应，则往往会使事件的发展超出企业控制的范畴，从而彻底失控。4个小时甚至更短的时间做出有效反应，这对企业声誉管理提出了很高的时效性要求。在"3.15"晚会曝光后厨食品安全管理丑闻后1小时，肯德基就通过微博对公众做出有效回应。这一成功案例向我们显示了新媒体环境对企业声誉管理的时效性要求。

声誉文化:
对企业价值观进行战略管理

一、升级声誉管理理念,加强企业声誉文化建设

(一) 更新声誉管理理念

要对企业声誉进行战略性管理,首先必须改变企业声誉管理理念。战略性声誉管理,需要企业的高层管理者实现如下声誉管理理念的转变:企业声誉不仅仅是企业的形象问题,它更是企业的一种战略性资产,是企业独特竞争优势的重要来源;企业声誉不仅仅是企业的一项职能性管理活动,更是企业高管团队必须亲自参与的一项战略性活动;企业声誉不是企业高管凭经验就能做好的工作,它需要高层团队成员具有很高的声誉管理素养;企业声誉不仅仅是个别员工的事,良好的企业声誉需要企业的全员参与全流程实践;企业声誉管理不能再依赖人海战术,要更多地依靠信息技术手段来保障;企业声誉不仅仅是企业自身的事,它需要员工个体(尤其是高管)、企业自身、行业乃至区域(国家)多层次参与。只有实现上述理念的转变,战略性声誉管理才有可能在企业里得以实施。

(二) 加强企业声誉文化建设

具有符合社会主流认同的企业价值观,并能一以贯之地按照这种价值观进行决策与行动,是企业建立和维护良好声誉的重要保障。因此,确保公司具有正确的价值观并使公司的全体员工能按照这一价值观行事也就成了公司声誉建设的基础性工作。公司要经常性地反省公司价值观,并确保其有效实践。

哪些企业文化特质有助于企业声誉的塑造?

1. 诚信文化

诚信是企业声誉的重要源泉。诚信的公司在其经营中能够遵循较高的道德规范,做到言行一致,诚实经营,杜绝弄虚作假和欺诈行政,即使在困境中也能保持其坚守的理念与实践的一致性。具有诚信文化的企业无疑更容易提高企业声誉。

2. 透明文化

透明性也是企业声誉的源泉之一。信息披露的有效性、管理规则的显性化、经营管理的公开化是企业管理透明性的重要体现,而这些管理实践都将有助于提升企业声誉。

3. 创新文化

创新对企业声誉的意义在于创造企业的独特性,具有独特性的公司更容易塑造企业声誉。3M 公司、IBM 公司和苹果公司在企业发展过程中都展示出了强大的创新能力,而创新能力的源泉在于其创新文化。正是因为这些公司的创新文化创造了企业强大的独特性,继而有效提升了这些公司的声誉。

4. 合作文化

强调合作文化的公司更容易与其他利益相关者分享知识、信息、权力和利益,更容易以一种共赢的心态来处理与利益相关者的关系,这无疑有助于提升企业声誉。

二、求解:企业声誉危机事后补救机制

企业在本质上是微观效益组织,同进行其他经营管理活动一样,企业进行声誉危机事后补救依然要本着低成本、高效率的原则。同时,企业是市场经济的有机组成部分,其事后补救的成败在不同程度上左右着社会经济的发展。尤其是一些大企业,其事后补救的结果甚至会对市场格局和经济形态产

生"牵一发而动全身"的影响。因此，汇聚企业内部能力与外部行政、舆论能量，内外兼修，打造完整的企业声誉危机事后补救机制，能够有效地医治企业声誉危机给企业带来的创伤，为企业恢复"元气"提供良好的保障。

（一）自我补救机制

企业声誉危机的事后自我补救是一种主体性补救，简称"自治"，即从企业员工和企业本身出发，对企业声誉危机展开补救，这是一种直接补救方式。

1.基于个体管理的补救

企业的生产经营、日常管理都离不开对资源的配置。其中，人力资源是物力资源、财力资源等发挥作用的载体，是资源配置的根基和活力。说到底，作为企业管理一部分的企业声誉危机管理，需要依靠人来完成，员工是企业声誉危机事后补救的重要依托。因此，基于个体管理的补救主要从企业人力资源建设角度考虑企业声誉危机事后补救的方式和方法。

（1）人事匹配与人才获取。

与培训、开发等员工质量管理相比，基于人事匹配原则的人才甄选和选拔，对于企业声誉危机事后补救更具时效性和有效性。其从入口处把关，为企业声誉危机管理事后补救提供相应的人才，成为基于个人管理补救的第一步。

人事匹配的目的在于使工作任务与人员能力合理地结合起来。在企业声誉危机补救的过程中，需要从两个角度来理解人事匹配。一方面是任职资格的变化。企业声誉危机在很多情况下由突发性事件引起，为了更好地完成事后补救工作，可能会对组织结构进行调整，对分工体系进行变化。因而，产生了录用标准或任职资格的新要求。另一方面是人员的变化。新的任职资格会对员工提出新的挑战，当已有员工不满足新挑战或根本不存在应对挑战的员工时，企业就应当通过甄选或提升的方式选择有能力完成事后补救工作的员工，从人的角度保证企业声誉危机事后补救工作有组织、有计划地进行。

（2）员工激励。

合理的激励制度通过影响员工行为动机来改变员工行为方式和行为结果，从而使企业形成具有活力的工作团体。这种有活力的工作团体在企业声誉危机事后补救过程中显得更加重要。因为，一方面，能够参与企业声誉危机事后补救的员工对企业具有一定的忠诚度，企业有义务不让员工吃亏；另一方面，恰当地激励和约束能够更好地激发员工与企业风雨同舟，共渡难关的热情。

在企业声誉危机事后补救的过程中，员工不仅要落实挽救企业声誉危机的相关工作，更重要的是作为企业的一员，要以自身的形象和声誉来帮助企业重塑形象和声誉。后者对处于企业发言人地位的组织成员，如企业首席执行官、公关经理等来讲十分关键。

要做到合理的激励和约束需要对员工事后补救劳动给予合理的评价和公正的待遇。合理的评价来自对工作贡献的衡量，企业可以通过绩效考核的方式，考察员工在事后补救环节的工作表现，引导员工向有利于企业声誉恢复的方向进行行为选择。公正的待遇体现在对劳动报酬的支付上，企业要根据实际面临的事后补救问题，对支付内容、支付依据、支付水平和支付方式进行调整，以达到激励的目的。毋庸置疑，合理的激励制度的核心是引导员工目标与组织目标统一。

2. 基于组织治理的补救

公司声誉的丧失往往源于自身，解铃还须系铃人，企业作为承载声誉的主体，在声誉危机事后补救阶段理应发挥积极的作用，从组织治理的高度完成声誉修复工作。这意味着企业需要进行制度建设，使事后补救有章可循。

（1）重塑企业文化。

实践经验表明，企业声誉危机在很多情况下源于企业文化的缺失或企业文化的落实不当。对于非营利组织来说，其吸引的组织成员，相比于盈利性企业，更容易产生对企业文化的理解、认同和践行。毕竟，非营利性组织的公益属性在本质上决定了其依靠文化和情感来维系。由此可见，对企业来讲，将文化根植于企业全体员工的思想和行动之中难度巨大，但意义显著。

在企业声誉危机事后补救环节，塑造和强化企业文化，目的在于弥补企业文化的缺失，减轻甚至消除危机对企业文化的冲击。企业声誉危机事后补救任重而道远，文化是提升员工认同感，形成员工凝聚力不可或缺的力量。例如，一个经历环保声誉危机的企业，在其声誉危机补救的过程中更应践行绿色环保的理念，让这种文化内化为企业的隐性责任和员工的自律根基。员工只有从根本上把企业文化融入其观念意识、行为方式之中，才能保证企业不会重蹈覆辙，才会在声誉修复的漫长跋涉中步步为营。

（2）强化内部竞争规则。

企业理念、企业文化不是口号，最终要以规章制度的形式展现出来。这种规章制度从本质上讲就是企业的内部竞争规则。企业声誉危机事后补救有赖于对员工行为选择的整合，以及在此基础上形成的对修复企业声誉、创造企业效益第一系列目标的统一。为此，企业需要对事后补救各方面工作进行统筹安排，这一过程就伴随着竞争规则的建立。

企业作为有计划的分工协作体系，不能仅仅依靠外部监督来控制和挽救危机。竞争规则提供了员工和企业的价值测评标准和实践方式，有利于引导员工和企业向价值提升的方向发展，最终达到补救危机、重塑声誉的目的。举个具体的例子，如清晰产权制度，可以使企业领导者在委托——代理关系中获得真正的控制权和可预期的、稳定的、长期的收益，有效地保证其在声誉危机补救过程中发挥作用。再比如协同治理制度，企业通过组建利益相关者共同参与的协作体系，有效地克服企业自身在声誉危机事后补救过程中的局限性。另外，可以促使企业形成一张安全网，规避未来可能发生的系统性和非系统性风险。

（3）建立声誉信息通道。

企业声誉危机事后补救是一个漫长的过程，需要企业持续的坚持和不懈的努力。畅通无阻的信息通道是提高企业声誉危机事后补救有效性的前提，也是实现文化传播和制度普及的基础。因此，企业需要在声誉危机事后补救阶段建立透明化的信息平台，保障事后补救工作可负责、可监督、可评价。

完善声誉信息通道需要从内部和外部两方面入手。对内、应保证信息通畅性。这种通畅性，首先体现在对员工、股东等内部人员的知情权和参与权的尊重上，即在事后补救的过程中，应时刻关注内部人员的情绪，与内部人员保持沟通，为内部人员表达意见和建议提供机会等。其次，建立统一的话语体系，即应对危机补救所形成的具有特定内容和形式的信息传递系统。具体来看，可以体现在口径的统一性、言行的一致性等方面。对外，应保证信息的公开性。企业声誉危机事后补救并非"暗箱操作"，其将在相当长的一段时间内接受外部的审视，甚至更高的关注。因此，企业有必要自觉地将补救的过程和结果反馈给外部，保持主动性会对企业声誉的恢复效果产生积极的作用。

（二）他方补救机制

企业声誉危机的事后他方补救是一种客体性补救，简称"他补"，即将有声誉危机的企业视为被治理的对象，依托社会和政府重塑企业声誉，是一种间接的补救方式，对修复受损的企业声誉同样具有举足轻重的作用。

1. 基于政府管制的补救

市场经济的发展并不意味着一味强调市场的作用，忽视政府的作用。而是越来越重视"看得见的手"和"看不见的手"的协调与平衡。政府作为一种外部力量，是企业声誉危机事后补救的主要参与主体，同样可以通过发挥自身的主动性帮助企业重塑声誉。

（1）政府管制的软手段——政府权威。

政府管制补救的有效性首先来源于政府的权威，相比于任何机构和个人，作为公权力机关的政府所具有的权威是毋庸置疑、难以比拟的。不论是在企业声誉危机事前、事中和事后，公众对真相的渴望，对事态进展的关注都是真真切切存在的。在公众对企业充满质疑时，来自政府的声音更能帮助企业澄清事实。在企业事后补救紧锣密鼓地进行时，来自政府的肯定和支持更能帮助企业慢慢恢复名誉，让公众逐步扭转对企业的认识。

政府作为市场经济"看得见的手"，有责任保持经济的稳定发展，对那些"痛改前非"、始终积极投身补救行为当中的企业，政府甚至可以主动提供帮助。当然，在实践当中，企业的主动性相比政府的主动性更明显也更有效。但更多的企业倾向在事发时向政府求救，在后续的补救过程中，却忽视了政府的作用。事实上，政府与企业在危机处理全过程中始终保持互动，对恢复企业形象，促进业绩发展有"一箭双雕"的作用。

（2）政府管制的硬方法——法律约束。

如果说政府权威是一种更具正向性"软手段"，那么法律约束就是一种具有负向性的"硬方法"，这里所说的"负"是为了突出法律的约束性和限制性。

企业声誉危机在很多情况下源于企业言论或行为与"情""理""法"的冲突。更直白地讲就是，法律的缺失有时使企业陷入情与理的困境。在此情况下，完备的法律法规、严明的执法体系显得越来越重要。可以说，企业声誉危机为法律的完善提供了契机，法律的完善提升了企业的失信成本，从而使企业在声誉危机补救过程中逐步实现组织运作的规范化。所以说，法律约束能够在企业声誉危机事后补救过程中起到立竿见影的作用。

2. 基于社会监督的补救

消费者、劳动者、投资者、合作者等可以对公司经济绩效产生直接影响。从社会监督的角度看，对企业有补救作用的主体主要指媒体、社会中介组织。

企业声誉危机事后补救的"木桶原理"表明，能够对企业声誉产生影响的任何相关者发布不支持企业的言论或采取不支持企业的行为，都会使企业声誉危机事后补救工作寸步难行。因此，基于社会监督的补救同样不容小觑。

（1）媒体在社会监督中的作用。

经济全球化打破了资金、技术、人才在全球范围内的流动阻碍，也带来了一个透明化的时代。透明化的大环境孕育了空前强大的监督与曝光系统，媒体无疑是这个系统中的重要一支。这是因为媒体往往是使"内幕"曝光的先动力，是企业声誉危机的制造者。同时，媒体对企业声誉危机通常会持续追踪，这就为企业"翻盘"提供了可能。

媒体在企业声誉危机事后补救中发挥的作用主要体现为企业言论自和行为的真实报道。可以说，媒体搭建了公众与企业间沟通的桥梁，其向公众传递的企业信息有利于帮助扭转公众对企业的印象。公众对企业的回应和反响，反过来又帮助企业在补救过程中进行有效的决策，不断调整企业自身为声誉修复所做的努力。诚然，需要强调的是，上述作用的有效发挥依赖于媒体的客观公正，这就对媒体的道德水平提出了较高的要求。另外，不可否认的是，为了更好地趋利避害，企业在与媒体互动的过程中，要保持主动性，避免媒体"先发制人"，自己措手不及。

（2）中介组织在社会监督中的作用。

绿色和平组织、动物权益保护主义者、消费者保护协会等社会中介组织以社会团体等非政府组织形态存在。它们虽然没有强制的权利，但凭借其广泛的影响力和较大的公信力，在公司声誉事后补救中发挥一定的作用。

企业如果能够充分利用这些社会中介组织的地位和作用，就有机会扭转不利的舆论局面，重塑企业的良好形象。如果触犯了它们的宗旨，则可能使补救无济于事，甚至遭遇更大的灾难。美国惠普公司主是很好的案例。惠普公司在被揭发电脑中含有有毒物质后，遭遇了前所未有的环保声誉危机。在危机补救的过程中,其迟迟未使用替代物及相应的托词触怒了绿色和平组织,于是引发了绿色和平组织的"非暴力运动",其直接结果是惠普绿色电脑商的形象大打折扣,财务绩效显著受损。相比之下,英国通用食品公司积极参与环保活动,受到环保组织的青睐,最终有效化解危机,其销售量不断增加,市场占有率不断提升。总体来看,企业在利用社会中介组织修复声誉时,仍需要发挥一定的主观能动性,其中的关键在于对社会中介组织的宗旨和理念的倡导和响应。

危机补救：
从实践中探究艰巨的危机补救

企业声誉在危机事后补救方面具有长期性和艰巨性。在众多企业声誉危机事后补救的实践基础上，对事后补救的主体流量加以介绍；注意事项信息分享，能够为那些首次经历声誉危机的企业提供一定的借鉴。

一、企业声誉危机事后补救主体流程

企业声誉危机事后补救是一个连续的过程，要在公正审视已取得的成绩的基础上，明确补救的目标，编制补救的规划，落实补救的工作，并在落实的过程中发现问题，反馈问题，不断调整工作方案，保障补救工作有条不紊、事半功倍。

（一）明确补救基础

明确补救的基础是一个相对广义的含义，需要在两个时间节点下进行理解。第一个时间节点是准备正式进入补救阶段前，第二个时间节点存在于补救阶段内，调整补救方案前。前者主要指充分了解企业在声誉危机爆发后的管控情况，公正审视企业事前预防与事中控制取得的成果和存在的不足。后者主要指明确不同的考虑阶段，企业声誉危机事后补救工作的落实情况，找到计划与实际的缺口所在。具体可以体现在员工满意度、消费者购买力、股票市值、融资数额、互联网正向关键词搜索频率等一系列质化与量化指标和财务数据上。

无论处于哪个时间节点，确定补救基础的过程都是一个找寻差距的过程，这个差距从更显性的层面来看就是原有声誉、预期声誉与现存声誉的差距。当然，这个过程也不仅要找到差距，更重要的是找到差距产生的原因。这将为制定目标和编制规划奠定良好的基础。

（二）制定补救目标

对于个体、群体和组织来讲，目标不仅是他们活动的起点，更是他们活动的终点。由此可见，目标贯穿企业声誉危机事后补救的始终，不得对其有半点懈怠。在企业声誉危机事后补救过程中，制定补救目标以明确补救基础为前提，为编制补救规划提供依据。企业声誉危机事后补救强调实效性，要求其不仅要制定清晰的长期目标，而且要将长期目标拆分成协调一致、切实可行的短期目标，以达到"积跬步以致千里"的目的；要求其不仅要明确总体性的目标，而且要搭建完整统一、丰富多样的目标网络体系。例如，对于一家因产品质量问题而陷入声誉危机的企业而言，其目标网络体系可以由实现零次品率、扭亏为盈、践行社会责任等多个目标构成，"多管齐下"在企业声誉危机补救过程中效果往往不同凡响。

总而言之，制定补救目标能够为补救工和指明方向，激励企业员工心往一处想，力往一处用。更直接地，其将为考核提供客观的标准。

（三）编制补救规划

编制补救规划是在把握补救基础、理解补救目标的基础上，确立相应的解决办法和改善措施，作为企业声誉危机事后补救工作的执行纲领。可以说，这是企业声誉危机事后补救的落脚点。IBM前首席执行官郭士纳在《谁说大象不能跳舞》中曾经写道："IBM必须停止指责他人和调整内部结构，必须把声誉拯救阶段分成IBM员工能够理解也可以实现的一个个小阶段。"这段话不仅向我们昭示了，补救规划是真实存在并切实需要的，而且提醒企业要将规划与目标，尤其是短期目标协调起来。只有将高瞻远瞩的目标与切实可行的规划有机地结合起来，企业才可以说真正做好了进行声誉危机事后补救的准备。当然，在这个过程中，参考其他公司的做法不失为一个好方法，尤其是对那些首遇声誉危机的企业而言，毕竟前事不忘，后事之师。

另外，编制补救规划是一项系统性很强的工作，需要举全体之力，共同完成。其决策权主要集中于企业高层领导手中；编制权主要掌握在危机处理部门，有时是为应对危机而组织的特别行动小组手上；执行权主要落到一线主管和一线员工的手上。

（四）落实补救工作

企业声誉危机事后补救规划一旦编制出来，就应当付诸实施，并在实施的过程中接受检验和调整，纸上谈兵没有任何意义。企业声誉危机事后补救工作的落实需要企业高层领导的支持和监督，危机处理部门的牵头和指导，各业务部门的共同行动、相互配合。只有这样，事后补救工作才能真正融入企业的生产经营、日常管理中去，发挥作用。

然而，一方面，落实补救工作的过程中，必然会出现实际与计划不相符的情况，这时就应当找到两者之间的差距和蕴藏其中的原因，以此对计划或实践进行调整；另一方面，落实补救工作的过程也势必伴随着收获，当受创的公司声誉在补救的过程中逐步稳定并慢慢恢复时，不要掉以轻心。正如 IBM 前任首席执行官郭士纳在回顾 IBM 补救之路时说道："短跑结束了，马拉松就要开始了。"这时企业必须清醒地认识到，新一轮的挑战正在招手。

二、企业声誉危机事后补救注意事项

"历史一次次地证明：战争结束以后，和平更难以企及。"丹麦领导力研究院非执行董事菲奥娜·考尔屈霍恩如是说。可见，企业在声誉危机补救的过程中十分脆弱。那些声誉受损的企业必须时刻警惕任何可能使之前的补救成果付之东流，或产生新的声誉损害的风险。笔者给出一些善意的提醒，看似零散，却能给危难中的企业敲响一记警钟，启发他们思考。

（一）冷静审视阶段性胜利

声誉补救的过程就好比修复被冲垮的堤坝，或许已经在一定程度上避开了"洪水猛兽"，但人们心中的余悸难以立刻平复，新堤坝的坚固度也难以获得信誓旦旦的担保。因此，经年累月、持之以恒的努力必不可少，这定会换来一些利好消息。然而，面对这些短暂的胜利，企业切忌被胜利冲昏头脑，表现得过于自大，谦逊和警惕永远都是声誉补救过程中的必修课。

（二）正视异议

"祸兮，福之所倚"，企业要正视那些看似前进路上的"绊脚石"，因为他们将帮助企业更清楚地认识自己，并走得更远。

1. 正确对待批评者的声音

商业气候并不总是给企业创造一片坦途，总有一些批评者对评价企业曾经犯下的错误乐此不疲。因此，学会在"有色眼镜"下成长和成熟，是每个处于声誉危机事后补救阶段的企业需要直面的考验。换个角度来思考，批评者的意见往往具有建设性，向批评者证明自己，进而改善其对企业的态度往往能加速企业的声誉补救过程。

2. 学会利用大众传播方式

全球化和信息化的发展使得大众传媒今非昔比，很多企业声誉危机的导火索恰恰是那些所谓的主流或非主流媒体报道。企业在这样的大环境下，要学会将曾经"灼烧"自己的"阳光"作为拯救自己的武器，从哪里跌倒就从哪里爬起来。

事实上，很多企业已经发现了其中的奥秘，借助网络平台来抚平声誉创伤。声誉危机补救阶段，可口可乐公司在其官方网站上开辟了"假话和谣言"板块，及时发布可靠的消息，帮助公司揭穿各种"道听途说"。

（三）切忌自以为是

就好像之前很多老牌企业错误地认为自己掌握着话语权一样，很多我行我素的企业常把"我以为"挂在嘴边，事实却是"你以为的你以为并不一定是你以为"。那些看似光鲜的成绩可能并不存在，那些看似能够改变企业处境的行为可能并没有发挥任何作用。企业需要谨慎再谨慎，监督再监督。

沃尔玛是一个典型的案例。为了补救声誉危机，它曾一直默默地支持社区教育活动。然而，慈善之举并没有让沃尔玛翻身，更不用提扬名了。原因在于其履行社会责任的行为被淹没在媒体超负荷的报道之中。那种沃尔玛自认为是美德的做法——默默耕耘，在声誉危机补救过程中似乎并没有发挥作用。沃尔玛及时发现问题，转向采取更直接、更公开的手段，通过参加电视节目录制，向公众传递其企业的信息，最终吸引了公众的视线，赢得了公众的支持。

大量的实践经验表明，规模大、名气响并不是公司声誉的保护伞，任何企业都平等地接受着声誉危机的考验，任何步入声誉危机事后补救行列的企业似乎都站在同一起跑线上，它们的起点都是等待涅槃。在企业声誉危机事后补救的漫长岁月里，公众应以宽容的心态给企业改过自新的机会，企业应以勇敢的行动抓住机遇，而非坐以待毙。

三、企业声誉危机指标体系的内容

从世界范围内来看，目前最受瞩目的声誉评价系统有《财富》杂志的全美最受尊敬企业（AMAC）评选和福诺布龙《华尔街》杂志上发布的评选。《财富》杂志采用电话和信件方式对高级经理、外部董事和财务分析师等专业人士开展企业声誉调查，《财富》杂志要求被调查者提名行业领先企业，并对这些企业的创新性、管理质量、长期投资价值、社会和环境责任、吸引和留住人才、产品或服务质量、财务合理性以及资产运用8个方面进行评价。对每个指标按10分制进行打分，各项指标得分的算术平均数为全面声誉指数。从1997年开始，《财富》杂志公布了对世界范围内500个企业的排名，并把它们划分为24个行业，称其为全球最受欢迎的公司，其评估指标在选用了AMAC的8个指标外，还增加了"公司全球业务的有效性"指标，是九项特征指标得分的算术平均数。

福诺布龙领导下的声誉研究所从1999年开始，借助市场调查公司发达的信息网进行企业商誉测评，评比"美国声誉最佳的企业"，商誉测评结果在《华尔街》杂志上公布。测量声誉的项目共有20项，这些项目被划分为六部分：（1）情感吸引力（对公司有好感、信任、赞美和尊敬公司）；（2）产品和服务（创新性、高质量以及物超所值）；（3）财务业绩（有良好的利润记录，投资风险低，有强烈的发展期望，拥有良好的竞争优势）；（4）愿景和领导（有优秀的领导层，战略愿景明确，能识别和充分利用市场机会）；（5）工作环境（工作氛围良好，拥有优秀的员工）；（6）社会责任（具有环境责任感，善于待人处事）。商誉测评最初在美国进行，后来被美国声誉研究所的分支机构推广到欧美许多国家。该指数在声誉测量上的一个重要突破是不仅仅可以在同行业内比较公司间的声誉，而且还能跨行业比较公司的声誉。

在这两个指标体系中，财务指标出现得最为频繁。财务指标的广泛使用反映了声誉评价过程中的投资者倾向，社会和雇员指标被提及频数处于中等位置，诚实和道德指标则出现得较少。同时，这两个指标体系都是针对特定国家和地区，对中国适用性并不高。这就使得构筑一个中国情境下的声誉指标体系具有十分重要的现实意义。

综合现有的研究可以看出，已有的研究都是关于企业声誉的研究，而少有关于声誉危机的研究。企业的声誉与声誉危机是联系非常紧密而又有所不同的两个方面，在制定企业的声誉危机指标时，必须参照企业声誉的内涵和测量方法，但又应反映声誉危机独特的内涵。在参照已有的声誉指标体系和对声誉危机内涵进行分析的基础上，认为影响企业的声誉危机指标应该包括以下内容（表 1）。

表 1　影响企业声誉危机的指标

声誉指标	产品质量	公司产品出现质量问题
		公司提供的服务有问题
		公司的产品或服务不能满足顾客需求
		公司对供应链的控制能力不足
	财务业绩	公司盈利有不良记录
		公司股票的购买风险较高
		公司成长前景不明朗
		公司财务行为不符合企业伦理
		公司财务信息披露存在问题
	广告公关	公司不能为产品和服务提供可靠保障
		公司的广告中出现虚假宣传内容
		公司在进行广告宣传过程中使用不当手段
	工作环境	公司提供的工作环境在安全、健康方面存在问题
		公司为员工提供的薪资报酬不合理
		公司员工的基本尊严和法律权利没有保障
		公司内部文化氛围不够积极向上
	领导能力	公司领导人社会形象不佳
		公司领导人不具有社会感召力
		公司领导团队不稳定
		公司管理能力不稳定
	社会责任	公司没有为慈善事业做出贡献
		公司没有为环保事业做出贡献
		公司没有对所在社区的社会事业做出贡献

🔍 探究：影响企业声誉的几个因素

（1）产品质量。

产品和服务的质量是顾客对企业最为直接的感知，也是企业声誉累积过程中起决定性作用的因素。对于企业来说，优质的产品和服务是组织进一步发展的立足点，也是企业成长过程中不能松懈的追求。企业只有通过高质量的产品和服务，才能为顾客创造价值，从而使顾客对企业感到满意，在顾客群中获得良好的口碑。产品和服务的质量是公司声誉最基本的来源，一家产品质量不过关的企业，不可能获得良好的声誉。一旦产品的质量和服务出现问题，企业的声誉必然会面临危机。

（2）财务业绩。

任何企业都以盈利为目的，对于投资者来说，能否盈利是衡量企业能力的重要标准；对于普通社会公众而言，能否盈利是判断一家公司是否成功的基本标准。良好的财务绩效为公司提供了充足的资金，能减少财务风险，增加投资者信心，争取更多的支持；还能支持决策者抓住机遇果断决策，在竞争中获得先机。同时，企业在各种与财务有关的经营行为中遵守伦理道德，能够避免出现重大财务丑闻。在这几个方面的良好表现都能够为企业带来正面的市场形象，而不良表现则会使企业危机重重。

（3）广告公关。

广告公关是企业塑造形象的重要手段，同时也是企业将产品和服务推向顾客的重要手段。如实反映企业产品质量、服务水平的广告能够使顾客增加对企业的信任程度，使顾客与企业之间的关系更加亲密。同时，企业在使用各种公关手段拓展销售渠道、开发市场时，也应遵守一定的道德规范，使用正当手段进行竞争，避免使企业出现声誉危机。

（4）工作环境。

工作环境包括物质环境和人际环境，它是激励员工的基础。优美的工作环境、和谐的工作关系不仅能吸引高素质的雇员，还能让员工产生归属感，使他们保持工作的积极性和主动性。相反，让员工在恶劣的环境下工作，不仅会让员工对企业产生不满情绪，还会使社会公众对企业产生负面看法，从而导致企业声誉危机出现。

（5）领导能力。

优秀的领导能够为企业制定美好且切合实际的愿景，使利益相关者对公司未来有一个较高的预期，愿意持续地关注并付出努力。此外，公司杰出的领导本身就能产生明星效应，能够更好地整合公司内外的资源，吸引更多的关注，创造截然不同于竞争对手的独特形象。而领导能力不足、领导团队不稳定等问题，则会使公众对企业的发展持消极看法，令企业的发展面临严重的声誉危机。

（6）社会责任。

公司通过参加一些力所能及的社会公益活动，与社区和社会组织良性互动，可以塑造优秀社会公民的形象，为企业发展吸引更多的社会资源。而那些从不参与公益活动的企业，则会被指责为缺乏社会责任心，不仅会让企业的社会评价下降，也会使企业的进一步发展面临各种不必要的困难，在企业声誉方面，表现为声誉危机的出现。

在以上这几个因素的相互作用下，社会公众和企业的相关利益者对企业产生一定的情感，这种情感被表达出来，就体现为企业的声誉危机程度。在测量企业的声誉时，将这几个方面结合起来，综合考虑，才能得出较为准确的企业声誉评价。

预警机制：
企业声誉危机的事前预防构建

一、危机防范体系

在企业的发展过程中，危机无处不在。对那些期望做到基业长青的企业来说，应对危机时不应抱着侥幸心理期望危机不发生，而是要建立出色的危机预防体系，在危机发生前监控危机发生的可能性，分析可能发生的危机产生的危害及危害范围，以降低危机发生的几率和危害。纵观各类企业的发展史，无数事实告诉我们，无论是正在蓬勃发展的小企业还是已经发展成熟的大企业，危机的存在都是一种常态，这些危机都有可能会危及企业的声誉。因此，在企业内部建立完善的应对机制，构建有效的危机防御体系以防范危机的发生，降低危机给企业带来的损失，对于企业而言十分必要。企业越早认识到可能发生的危机，越早采取种种措施预防危机的发生，就越能够有效地控制危机的发展。从国内外各种企业应对危机的经验教训来看，事前对危机进行预防是企业防御危机的最有效措施。对于企业而言，危机预防措施包括两方面的内容：一是在日常的经营活动中守法经营，努力提升产品和服务质量，获取市场口碑，从源头上避免危机的产生，夯实企业声誉；二是针对危机发生的可能性，将危机预防当作企业职能的一个方面，在企业内部建立正式化、制度化的危机防范体系。总结起来具体有以下几点内容。

（一）提高产品质量和服务质量

在生产上，企业应精心设计，各个环节严把质量关，科学调度，充分利用各种因素，保证向市场提供符合顾客要求的商品。在服务方面，企业应信守合同，价格公道，维护消费者权益，服务；热情周到，开展商品退换、维修、技术咨询、送货上门等多种售后服务，赢得顾客的信赖与惠顾，提高市场占有率。

（二）重视创立和积累无形资产

声誉是企业无形资产的一个重要方面，同时也是企业重要的经营资源和要素，重视积累无形资产的企业，自然会收获良好的声誉。企业要建立和累积无形资产，必须在企业内部做出统筹安排，并对其进行相应的投资。在企业内部动员组织成员为顾客提供优质服务，提升顾客对企业的好感，这是企业获得无开资产最重要的途径。在此过程中形成的优质服务和工作效率会使企业声誉得到显著提高，同时也能为企业的经济活动带来一系列的正面效应。因此，企业在经营过程中，应当避免出现短视的商业行为，着重长期利益而不是追求短期利润的最大化。

（三）积极建设企业文化

企业文化是在企业发展中形成的，对企业持续经营有重要影响。它以企业的发展宗旨和价值观为核心，从精神层面出发对企业日常动作的各方面加以约束，企业中的各种规章制度也是在企业文化的制约下制定的。与企业的发展相契合的文化能够增强企业的凝聚力、提升企业形象。从某种程度上来说，企业声誉是企业文化的一个组成部分，是企业形象的外在表现。因此，加强企业的文化建设以提升企业在市场中的知名度，是建立、维护和提高企业声誉的重要途径。

（四）实施品牌战略

企业声誉是在发展过程中逐渐形成的，是可以通过有目的的投资形成的。

投资分为两个部分：让消费者认识企业或产品和让消费者对该企业或产品产生信任感。为此，企业需要设计出别致的、易于识别的标识，并加大宣传，给消费者留下深刻的印象，同时，企业还需要在市场调研、产品设计、质量控制及售后服务等方面狠下工夫，真正确立在消费者心目中的名品地位，让消费者相信，企业的产品性能优越，企业是具有责任心的企业。在这一过程中，企业塑造出具有社会知名度和美誉度的品牌，会使建设企业声誉的基础更加牢固。

（五）协调好与相关利益者的关系

这是企业声誉建设最基础也是最核心的组成部分，企业自身利益的最优化往往表现在协调和平衡利益相关者的关系，并从中获得资源和支持上。企业声誉资产很重要的一部分是由利益相关者关系所蕴涵的市场和社会资本构成的，如让监管者宽容，消费者忠诚，舆论拥护，员工承担义务，从投资者那里赢得资本，从供货者那里获得供给，从社会得到理解，从媒体得到客观报道等。通过对世界百强企业的研究证实：凡是系统管理好利益相关者关系的企业，声誉记录都比较好，这是企业声誉成熟和可持续性的标志之一。

二、企业声誉危机的事前预防

任何一家企业在发展过程中都可能产生危机，对于企业而言，这是不可避免的，因此企业必须居安思危，对危机的出现随时做好准备，正确地管理危机。而危机管理的第一步，就是危机的预防管理。在市场竞争日趋激烈、信息透明化程度越来越高的今天，危机一旦爆发，波及范围更广，危害程度更大，所以更需要对危机进行预防管理。

（一）企业声誉危机预防的现状

企业的声誉对于企业吸引优秀人才、抵御发展风险、实现基业长青具有非常重要的意义。正如美国著名学者戴维斯所说的那样，"任何一个团体组织要取得恒久的成功，良好的声誉是至关重要的"。然而，企业对声誉的重视并不是一个悠久的传统，在相当长的一段时间内，企业声誉都是一个内涵不明晰的概念，对于惯于处理企业实务的中高层管理者来说，声誉管理在他们的工作中并不占据主要地位。对企业声誉的建立和维护往往被认为是企业内一个部门的职责，而不是企业内从上至下都应当关注的问题。但严峻的现实表明，如果没有对企业的声誉进行恰当的管理，就会给企业带来重大危机，从而影响企业的发展甚至导致企业的消失。世界知名企业如安然、世通等，正是因为声誉危机而导致其破产，著名跨国企业如宝洁、沃尔玛、肯德基、哈根达斯等，也都因为声誉危机而影响了企业发展，这就迫使企业必须将声誉管理提到企业战略管理的高度。对国内的许多企业而言，声誉危机也已经成为其发展过程中必须重视的一个问题，农夫山泉"超标门"、霸王洗发水"致癌门"、奶粉业三聚氰胺等事件都使得企业发展遭遇重大挫折，其中奶粉行业的三聚氰胺事件更是使全行业的声誉都遭到质疑，行业发展形势急转直下。

严峻的现实虽然让企业认识到声誉危机管理的重要性，却并没有使大多数企业尤其是中国企业的声誉危机管理能力有所提高，声誉危机的预防还存在着不少问题，亟待企业改进。就目前来看，许多企业仍然忽视企业声誉的建设，没有主动培育声誉观念，导致企业的声誉管理基本处于无意识阶段。从总体上来说，企业声誉危机预防的现状有如下特点：

1.对企业声誉危机预防的管理有了初步认识

早在 2006 年，英国《金融时报》就已经撰文指出，在企业所拥有的各类无形资产中，最具价值、最微妙的无疑是企业的声誉。长久以来，由于声誉概念难以具体化和量化，企业的管理者们没有认真对待声誉管理。随着经济全球化的日益深化，各个行业在国际范围内的竞争都更加白热化，信息技术的发展使得企业的任何错误都会被放大，广告的饱和投放使得企业必须寻求新的途径增加企业和产品的市场影响力，这些因素都使得企业必须将声誉管理提到企业的管理日程上来。声誉危机预防作为企业声誉危机管理的第一步，逐渐成为企业的掌舵者做决策时必须考虑的中心问题。在当前的市场环境下，无论是大型跨国企业，还是国内的本土企业，都面临着激烈的挑战：技术更新换代速度加快，新产品不断进入市场，各类竞争者层出不穷；消费者的消费观念更加多元化，消费需求更加理性，要求更高；世界范围内的市场变动更加剧烈，企业竞争环境更加复杂。在这种情况下，企业如何在激烈的市场竞争中保持优势地位？增强企业声誉危机预防是一条可行之道。

2. 对企业声誉危机预防的重视度不足

声誉是在企业的长期发展过程中逐渐积累起来的，是企业赖以进步的一种非常关键的资源，这种资源无法从市场上买到，也无法在短期内获得，只能通过企业的合法经营慢慢获取。对于企业来说，良好的声誉是其获取竞争优势、开拓市场领域的一项非常重要的资源。然而，目前还有不少企业不注重自身的声誉管理，声誉危机预防的意识不强，对声誉危机预防的重要性和如何进行声誉危机预防管理认识浅薄，没有从根本上认识企业声誉危机预防管理对企业发展所具有的战略性影响，没有将声誉危机预防管理变成公司上下都关心的、企业发展过程中的中心问题。可以说，对于已经取得一定成就的企业来说，企业声誉管理已经成为制约企业进一步发展的重大问题，对于这些企业来说，必须增强对企业声誉危机预防的重视度，才能让企业在发展过程中更上一层楼。

3. 对企业声誉危机预防的观念有待更新

受到企业经营传统思维的影响，许多企业仍然认为成本、价格、人才培养、进入时机是企业发展过程中的最主要问题，而对企业发展过程中十分重要的其他方面，如社会责任、企业声誉等则不够重视，这些企业认为只要产品质量好企业就能得到长远发展，产品好就能为企业获得良好声誉。实际上，在国际化竞争中，许多企业认为市场竞争已经进入声誉竞争阶段，企业声誉作为一种独特而稀缺的资源，能够为企业带来超额的利润和发展潜力。美联储前任主席格林潘曾说过，如果竞争是市场的经济引擎，那么声誉就是使之运行的燃料。那些将企业的声誉管理仅交给公关部门，将声誉危机预防管理等同于拉关系的做法，已经不适用于企业的发展，不能使企业在市场竞争中获得长期的进步。对于中国企业而言，由于我国市场经济发展时间较短，相比于发展更为成熟的大型跨国公司，我国企业的市场观念还需要进一步更新，以适应当前日新月异的发展环境。

（二）企业声誉危机预防管理的目的

企业进行声誉危机预防管理的目的是获得长远的发展。总体来看，企业实施声誉危机预防管理，能够实现以下六方面的目的。

1.确保企业战略的实现

企业制定战略的目的在于使企业各方面的能力和资源相匹配，使企业获得长远的发展，而企业战略是否成功的一个条件就是战略能否顺利实施。如果企业在战略管理的过程中没有进行有效的控制，没有遵循良好的企业伦理规范，没有正确处理好企业发展与自然环境、利益相关者之间的关系，就会给企业的声誉带来负面影响。而企业的声誉危机一旦爆发，就会导致企业战略实施的不顺畅。因此，企业将声誉危机的预防管理与企业的战略管理有效地结合在一起，能够弥补只实施传统的战略管理的缺陷，确保企业整体战略的有效落实。三元公司在乳品行业"三聚氰胺"风波中的经历，形象地说明了这一问题。在 2008 年，三元公司的净利润仅为 1543 万元，与同期的行业巨头蒙牛 8.97 亿元的净利润收入相比，差距甚远。而在"三聚氰胺"事件曝光后，国家质检总局在对国内各大品牌乳品企业进行调查后公布，三元的产品质量过关，不含三聚氰胺。与此同时，三元并未利用这一事件撞击同业竞争者，而是在第一时间组建了危机管理小组，明确企业危机公关的原则，并表示会与其他企业共渡难关。在此次事件后，三元的社会形象得到大幅度提升，在 2009 年，三元的营业收入达到 23.8 亿元，较上年同期增长 68.33%。

2. 维护企业整体形象

企业形象是在企业长期的经营过程中从各相关利益者利益出发、守法经营的结果。有效地声誉危机预防管理能够维护企业的形象，使企业的市场形象不至于为声誉所累，如果企业在声誉危机预防中表现突出，还有可能会使顾客和合作伙伴认为企业具有高超的管理能力，从而提升企业的形象。相反，假如企业没有构建良好的声誉危机预防体系，就很容易使企业多年辛苦建立的声誉受到破坏。要重新赢得社会公众、企业顾客和相关合作者的信任，则需要花费大量的时间和金钱。

企业的社会形象就如同企业的后院，若是未加审慎管理，导致企业后院起火，就很有可能使后院的星星之火发展成燎原大火，甚至摧毁整个商业帝国。相反，成功的声誉管理则能够为企业带来正面的社会形象，使企业的商业运作更加成功，企业的各项活动更容易开展。就目前的趋势来看，我国的大型企业尤其是央企，也开始在年底发表业绩报告的同时发布社会责任报告。在透明化时代的企业管理中，诚信感、责任心等软实力在企业的整个战略体系中的推进作用可见一斑。"认知即现实"，对于企业而言，需要以高知名度和良好的企业声誉在消费者心目中树立良好的形象，而企业的良好形象，在很大程度上来自企业的事前规划。

相对来说，国际著名品牌在几十年甚至上百年的市场运营中，早已使品牌沉淀了丰富的美誉内涵，并树立了极高度名誉外显，有着良好的整体形象。

代表美国快餐文化的麦当劳以及象征国家精神的可口可乐所聚集的消费忠诚度，是任何一家广告铺天盖地、只重趋名逐利的企业所无法企及的。消费者为何选择 iPhone，而非山寨的 Hiphone，原因也在于此。所以，对于企业而言，声誉即信任，信任即选择。

3. 与顾客建立亲密关系

企业声誉危机预防管理的重点在于构建有效的对话体系，这一体系强调企业与社会公众间进行事实与价值对话的双向对话。有专家指出，有效对话的三大前提是相互信任、情感交融与合理逻辑。可见，在对声誉危机进行预防管理时，情感对话和相互信任都极为重要。在企业的声誉危机预防体系中，将与顾客进行对话的机制和规范进行详细界定，可以避免使消费者和社会公众对企业产生误会。反之，则会使企业危机扩大化，影响企业与顾客之间的关系。

4. 确保企业盈利水平

企业一旦出现危机，就会引发形象受损、失去顾客信任等问题。这时顾客很有可能因为对企业失去信心转而购买竞争者的产品，那么，本企业的销售量必然会下降，从而导致企业销售收入和净利润的减少。同时，企业可能会因为对危机的管理不善而出现资源供给不足等问题，从而导致市场机会的丧失和市场占有率的下降。2011 年的福岛核危机就使得丰田等众多日本成长企业生产计划大受影响。同时，如果企业发生声誉危机，为了处理危机带来的一系列问题，会产生许多不必要的支出，使得成本大幅度增加。收入减少与成本提高的双重压力必然会使企业的盈利水平大受影响。为了避免这种情况发生，企业必须对危机的预防有所重视，建立声誉危机预防管理体系。

5. 保证企业在竞争中获取资源

企业在争夺消费者的同时，对其他资源的争夺，例如自然资源、资金资源、行政资源、市场资源等的争夺也越来越激烈，越来越全方位。企业在环保方面的不良记录，有可能会影响其对自然资源的争夺；如果存在贿赂的前科，有可能会影响对行政资源的争夺；还有可能因为某一个方面的信誉不好，而影响企业的整体信誉，如财务混乱、借贷失信等，这些都将会影响企业的上下游合作、资本市场的融资以及对外投资等。所以，加强企业声誉危机预防管理工作能在一定程度上保证企业在竞争中获取资源。

6. 构建企业与社会之间和谐的生存环境

世界范围内的公众对企业社会责任的关注度明显增加，中国国内的和谐社会、节约型经济和科学发展观的提出，也要求企业更加规范。因此，企业在发展过程中必须尽力满足公众在环保、劳工、健康、公益、慈善等方面的需求，而不仅仅是做好自己产品的分内之事就可以了。如果企业的行为触犯了社会责任的规则，很有可能惹怒公众，影响企业的正常发展。良好的信誉是企业承担社会责任的反映，有利于企业获得友好的生存环境。

三、企业声誉与相关概念的区别

企业声誉作为一个学术概念，学者们对它不仅在内涵上有着不同的理解，在外延上也存在较大的争议。企业声誉与相关概念，比如企业品牌、企业形象、企业信誉、企业商誉等有着密切的关系。要准确理解企业声誉，就要理解这些近似概念之间的联系与区别。

（一）企业声誉与企业品牌

对企业声誉价值持怀疑态度的学者，往往将企业的品牌价值等同于企业声誉的价值。何为企业品牌？美国市场营销协会的定义是：品牌是一种名称、术语、标记、符号或设计，或是它们的组合运用。美国著名营销专家菲利普·科特勒博士对品牌的定义与美国市场营销协会高度一致，他认为，"品牌是一种名称、术语、标记、符号或图案，或是它们的相互组合，用以识别某个消费者或某群消费者的产品或服务，并使之与竞争对手的产品或服务相区别"。

企业声誉与企业品牌具有密切的联系。一方面，消费者对企业品牌的正面体验会加强企业声誉。只要企业能够持续地提供企业所允诺的产品和服务，企业就能持续成功。当顾客能够一次又一次地从企业得到他们预期结果的时候，顾客对消费者的认知和评价就会强化。另一方面企业对其品牌的投资和维护行动自然也会有利于企业声誉和维护。许多能够影响企业声誉的因素越来越被企业品牌战略所吸收，最明显的例子就是企业社会责任。企业积极履行社会责任，不仅会提升企业品牌价值，同样也会提高企业声誉。

虽然企业声誉与企业品牌有着近似的价值与功能，但两者也存在着明显的差异。（1）从定义来看，企业声誉与企业品牌的界定角度是完全不同的，企业声誉作为一个态度概念，是从主体认知的角度上去界定的，而企业品牌则完全是从客体属性上定义的，强调品牌的客观构成要素。（2）企业声誉与企业品牌的关注对象不尽相同。一般来讲，企业声誉的利益相关者更加广泛，既有直接利益相关者比如员工、股东等，也有间接利益相关者比如行业合作伙伴、竞争对手等。企业品牌的关注对象更聚焦于消费者（顾客），强调与单一利益相关者的互动。（3）从外延范围上来看，企业声誉的外延范围要比企业品牌的范围更广泛一些，比如企业创始人或领导者的形象、企业的经营实力、企业的范围、企业文化、企业的关系生态圈等都构成企业声誉的外延范围，显然不包括在企业品牌的范畴。简言之，企业品牌作为一个概念更具象、形象，企业声誉更抽象、更广泛一些。

（二）企业声誉与企业形象

在企业声誉的研究历史中，企业声誉与企业形象的内涵最为接近。普遍认为"企业形象"包括四层含义：（1）对企业各方面态度的总和；（2）企业被赋予的心理意义，心理意义由企业所提供的刺激、个体的认知方式和认知发生时的情境共同决定；（3）对企业各种情感的整合；（4）超越于物质上的持久的、夸张化的信息。也有人将"企业形象"定义为人们对企业个性特征的感知的总和。或是认为企业形象并不是企业自己认为的那样，而是存在于公众头脑中的有关企业的情感和信念，这种情感和信念来自公众的经历和观察。从上述对企业形象的界定来看，企业声誉与企业形象的确具有非常明显的联系。

企业声誉与企业形象还是存在着细微的区别。企业形象是消费心中对企业的描述，而企业声誉是受众对在一个特定的属性上企业能力满足消费者期望的信任（或不信任）程度。即使是一个对某企业没有直接经验的消费者，他对企业的感知也会通过其他信息来源而形成，比如说广告或口碑。

有学者认为企业声誉和形象虽然存在着互动关系，但两者是截然不同的概念。企业形象是它的受众心中对企业的描述，即当受众看到或听到企业名字或看到企业标识时心中想到的。企业声誉则是一个更广泛感知的概念。

福诺布龙和范里尔则更准确地说出了企业声誉与企业形象的区别。他们认为企业声誉＝企业身份＋企业形象。企业身份是来自企业内部的雇员和管理者对企业性质所持有的观点。企业形象是外部观察者对企业的感知。声誉则是这些感知的集体："企业声誉是一个集体的名词，它测量了一个公司非常重要的内部员工和外部利益相关者的观点。"

另外，从二者的形成过程和难度来看，二者也存在较为明显的区别。企业可以通过广告、市场推广等营销手段在较短时间内建立起企业形象，企业声誉则较为困难，一个企业良好声誉的形成是一个长期建设和精心维护的过程，不可能一蹴而就。

（三）企业声誉与企业信誉

企业声誉与企业信誉也是经常容易被混淆的两个概念。两者具有密切的关系，当一个企业具有良好的履行诺言的能力与行为时，该企业的信誉也一定比较高。企业信誉与企业声誉都能增加相关公众对企业的信任度，进而增强企业的吸引力。另外，企业声誉和企业信誉都具有易碎性的特点，两者都需要企业通过长时间的努力才能获得，一旦失去，重新塑造都需要企业付出更多的努力。

虽然企业声誉和企业信誉的关系密切，但两者还存在着本质上的区别。简言之，声誉与信誉的关系是一个包含与被包含的关系，企业声誉的范围要比企业信誉广泛很多。企业信誉只是相关受众对企业履行诺言的能力这一个方面的评价，而企业声誉则是对企业总体的评价。信誉是企业行为能力的一种表现，是企业声誉的一个重要组成部分，而声誉不仅包括企业对诺言的履行情况，还包括对顾客的承诺，对员工的承诺，对政府、对社区及其他利益相关者的承诺，另外企业声誉的影响因素还包括企业所处行业、产品和服务质量、企业战略、经营管理、企业文化、企业的财务表现、社会责任活动等其他因素。

（四）企业声誉与企业商誉

企业声誉与企业商誉是既有联系又有区别的两个概念。企业商誉是指企业获得超额收益的能力，通常是指企业由于所处的地理位置优越，或由于组织得当、生产经营效益高，或由于技术先进、掌握了生产的诀窍等原因而形成的无形价值。这种无形价值具体表现在该企业的获利能力超过了一般企业的获利水平。

企业声誉与商誉的共同之处在于：二者的形成是一个历史过程，无论企业声誉还是企业商誉都是企业长期经营管理的结果，短期行为不会塑造商誉和声誉。不可确指无形资产对企业声誉与商誉的形成都起到了重要的作用。商誉的价值可以看作企业全部不可确指无形资产的价值，正是由于这些不可确指无形资产的作用才形成商誉。同样作为企业重要整体性无形资产的声誉，其形成也离不开企业不可确指无形资产的作用。

企业声誉和商誉最主要的区别在于：商誉作为企业无形资产价值的重要体现，包括的范围比企业声誉要广泛，知识、诀窍及行业经验等都构成商誉的范畴，而这些并不是声誉的构成要素。商誉价值一般是在企业收购或者合并的时候才能得到体现，而企业声誉则具有明确的现实意义，其价值不仅能够在并购的时候得到体现，还能有助于企业建立和维护相关公众，增加顾客的忠诚度并提高顾客的购买率；能密切与股东及潜在投资者的关系，降低企业的融资程度；能吸引潜在求职者和留住骨干员工；能为企业创造财务价值，有效化解企业危机等。

一直以来，石油队伍英模辈出。在大庆石油会战时期涌现出了以"铁人"王进喜为代表的"王、马、段、薛、朱"五面红旗；近年来涌现出了"新时期铁人"王启民等一大批在全国有重大影响的典型个人和以大庆1205钻井队等为代表的先进集体……激励着广大石油职工为我国石油工业和国民经济的发展做出新的贡献。

溯源篇

从英雄的中国石油师走来

　　中国石油师，一个威武雄壮的名字；中国石油师，一个中国人民解放军系列里的特殊铁甲雄狮；中国石油师，共和国石油史的奠基者。当年，八千人民子弟兵，高举着"中国石油师"的大旗，牢记着毛主席和中央军委的命令，义无反顾地奔赴石油会战的新战场。他们一路豪歌，自力更生，艰苦创业，勇于拼搏，打出了共和国石油创业史上的一片新天地。

　　中国石油师，作为中国石油工业的创业者，他们的足迹遍布中华大地。延安油矿、玉门油矿是他们初入石油新岗位的练兵场；新疆克拉玛依油田的发现，让他们看到了中国石油工业大发展的新曙光；大庆石油会战的英雄壮举，使他们让年轻的共和国扬眉吐气，一下子把中国贫油的帽子扔到了太平洋里……他们的历史功绩将与日月同辉，他们的"我为祖国献石油"的高尚情怀和"哪里有石油哪里就是我的家"奉献精神，将永远成为一代又一代石油人学习和效仿的榜样。

　　中国石油师的前身是一支特殊的部队，是我军历史上的第十九军。该军另一部前身为抗战胜利前夕1945年7月17日在徐友彬、梁励生、雷展如等领导下，于河南省洛宁县故县镇起义后开进豫西解放区的国民党军第38军第十七师。第十七师原为冯玉祥旧部，爱国将领杨虎城第十七路军的主力，参加过震惊中外的"西安事变"。

　　杨虎城第十七路军部队历史久长，十七路军是杨虎城所属部队在鼎盛时期的番号，沿用时间较长而且历经历史重大转折。习惯上十七路军也称"西北军"，与冯玉祥的"西北军"却完全是两个系统，严格意义上说十七路军应该叫陕军。

1952年7月1日，第19军军部改编为陕西军区，第55师调归西北军区领导。1952年8月1日，第57师在汉中北校场宣布中央军委命令，改编为中国人民解放军石油工程第1师。第19军番号撤销。

1952年8月，170团改编为石油师1团，即枣园钻井教导团。石油工业部钻探局主要由石油1团发展而来。

171团改编为石油师2团，主要承担了玉门油田的基本建设，新建了玉门炼油厂的润滑油厂、制蜡厂、沥青厂，改扩建了真空厂、蒸馏厂、裂炼厂，使玉门炼油厂成为一个装置齐全，年加工原油50万吨的炼油厂，玉门油田配套为一个年产140万吨的新中国最大的油田。石油2团为大庆油田会战、辽河油田建设、大庆乙烯工程、中国第一条克—独长输管道建设提供大量人才。

1953年10月，将西北石油管理局运销公司的运输部分与石油工程第1师第3团（陕南军区独立13团）合并，在酒泉成立了新中国石油工业第一支运输队伍——玉门油矿运输处。1957年4月，以这支部队为基础，组建了石油工业部运输公司，部分发展为石油工业部管道局。

从17路军38军17师、19军57师到石油师，先辈近百年来前仆后继不畏牺牲，为挽救民族危亡奋起、振兴中华不懈努力，是一脉相承的当代大庆和王铁人精神的源头，是爱国爱民浴血抗战艰苦创业中华民族精神。毛泽东主席在57师整建制改编为中国石油工程第一师的命令中曾说："从创建之日起，就具有高度的爱国主义和国际主义精神，本着全心全意为人民服务的宗旨，英勇奋斗，艰苦奋斗。"

石油师政委张文彬曾满怀豪情地说："在石油战线奋斗50年的历程，我深深认识到，石油工程第一师的精神为后来大庆精神奠定了基础。石油师的精神体现在强大的思想政治工作；官兵关系融洽、相互关心爱护、尊师爱徒；深入基层、调查研究、顽强拼搏、艰苦奋斗、勤俭节约；虚心学习，向国外专家学习、向成功经验学习、向工人师傅学习。这些精神也为大庆精神的创造和形成提供了源泉。"

石油队伍从根子上具备人民军队顽强的战斗作风和高度的组织纪律性，就连用语也带着浓重的部队色彩。直到现在，在原油上产工作中，出现最多、用得最广泛的词，便是大会战、打歼灭战、打攻坚战。就连基层单位的领导，在叫法上也和部队出奇的一致，基层小队的领导叫指导员、队长，再往上，便是教导员、大队长、总指挥。石油师将部队的战斗精神和战斗意志带到了石油战线，使新中国的石油队伍从一开始就具备了奋发图强、艰苦创业的精神，成为一支不怕吃苦、勇于拼搏、敢于打硬仗的队伍。

回顾近百年来中华民族解放事业前仆后继浴血奋斗的征程，回顾中国石油工业发展的辉煌历史，我们千万不要忘记那些中条山抗日前线英勇牺牲的烈士，千万不要忘记那些用汗水和生命浇灌每一段里程的老领导、英雄模范人物、科研工作者和广大石油职工。我们不能忘记38军17师、19军57师老前辈浴血奋斗的爱国爱民精神，不能忘记中国石油师精神和大庆精神。中国石油师精神和大庆精神永放光芒。

从艰苦奋斗的历程中走来

　　新中国成立初期,全国的原油产量仅有 12 万吨。年轻的共和国,极度渴望一个大油田的出现。

　　1955 年,新中国成立以来的第一个油田——克拉玛依油田的发现,证明了陆相贫油论是不符合实际的。1959 年 9 月 26 日,根据"陆相生油理论"勘探部署在松嫩平原上的"松基三井"出油了,标志着大庆油田——一个世界级特大型陆上砂岩油田的诞生。1960 年 6 月 1 日,大庆首车原油外运。在会战中,大庆积累了一套成功的勘探、开发、管理经验,培养了一支特别能战斗的"铁人"式职工队伍。1963 年,周恩来总理向世界庄严宣告:"中国人民使用'洋油'的历史一去不复返了!"

　　此后,石油人历经艰苦卓绝的会战,又先后为祖国发现了胜利油田、大港油田等。1978 年年底,中国的原油年产量翻了近十倍,首次突破亿吨大关达到 1.04 亿吨,中国成为当时世界上第八个产油大国。这一年,具有划时代意义的党的十一届三中全会胜利召开。这一年,中国的石油工业也迈入了蓬勃发展的新阶段。

　　党的十一届三中全会召开后,改革的春风吹遍祖国的大江南北。然而,在进入 20 世纪 80 年代的第一年,因为勘探投资不足、储量增速赶不上产量增速、老油田产量递减加快等一系列因素的制约,石油工业自身发展受到了限制。1981 年,国务院决定,为了解放生产力,决定对石油工业实行原油产量亿吨包干政策。这是国家第一次对一个全国重要的工业行业进行重大改革。

　　1981 年到 1985 年实施大包干的 5 年内,全国原油产量增长近 25%,达到 1.2488 亿吨,超出预期目标 122 万吨,筹措勘探开发基金 126 亿元。这为引进外国的先进技术和装备，加大石油勘探开发的投入提供了强有力的资金支撑，结束了我国石油工业连续几年的徘徊局面，石油工业走上了良性发展的道路。

经历了一系列艰苦的探索和大量的实践，中国石油工业在渤海湾油藏勘探、辽河油田稠油开采、稳定胜利油田产量等方面，收获了众多成果，并逐步形成了六大石油地质理论，指导了中国石油勘探向更深更远的的方向发展。

1986年，党中央、国务院正式做出石油工业"稳定东部，发展西部"的战略决策。1988年国务院机构改革，撤销石油工业部，成立中国石油天然气总公司。

1989年4月，塔里木石油勘探开发指挥部正式成立。10月18日，塔中1井喷出强大油气流，这是塔里木勘探史上的一个重要里程碑。在"两新两高"体制的指引下，塔里木先后找到了轮南、英买力、吉拉克等5个油田，一举拿下中国最大的牙哈凝析油田，使塔里木盆地成为仅次于四川、陕甘宁的中国陆上第三大含气盆地。1995年，塔里木建成年产500万吨原油产能，成为我国油气储量增长最快最多的地方。

从"五下六上"再闯塔里木建成年产500万吨原油产能，到1998年发现克拉2井；从重上吐鲁番发现吐哈油田，到准噶尔盆地勘探会战接二连三的新发现；从陕甘宁盆地油气勘探发现日产156万立方米的苏里格特大型气田，到柴达木盆地掘出又一颗宝石——涩北气田，在历史指针即将指向21世纪的时候，石油工业在西部一次又一次地奏响胜利的凯歌。

1998年中央决定实施石油石化战略大重组，通过行政性资产划拨和互换，将原中国石油天然气总公司和中国石油化工总公司改组为两个大型石油石化集团公司，实现上下游、产供销、内外贸一体化经营。三大石油公司基本实现了从政府向企业的转变。

1999年，中国石油、中国石化和中海油按照"主业与辅业分离、优良资产与不良资产分离、企业职能与社会职能分离"的原则，开展企业内部重组，组建了各自的股份公司。

2000年4月，中国石油天然气股份有限公司分别在香港和纽约挂牌上市。这标志着中国石油天然气集团公司由生产经营型向资本运营型转变迈出了决定性的一步。这是国有大中型企业改革的新突破，也是中国石油工业史上的又一座新的里程碑。

2002年，大庆油田年产原油达5013.1033万吨。这是自1976年原油年产量首次跃上5000万吨后，大庆油田连续第27年实现5000万吨以上高产稳产，创造了世界同类油田开发史上的奇迹。

从建设具有较强竞争力的跨国企业集团，到加快推进综合性国际能源公司建设，新时期，中国石油深入践行科学发展观，面对新挑战，抢抓新机遇，实现新发展。

2003年以来，大庆油田在4000万吨水平上持续高产稳产。2011年，长庆油田年油气当量首次突破4000万吨，向着建设"西部大庆"的目标加快迈进。中国石油积极"走出去"，开展国际合作，参与全球竞争。截至2011年年底，中国石油天然气集团公司海外油气作业产量当量超过1亿吨，权益产量达到5170万吨，"海外大庆"如期建成。

中国石油大力实施资源、市场和国际化战略，统筹利用两种资源和两个市场，实施油气进口多元化战略，切实保障国家能源安全，由西北中哈原油管道、中亚天然气管道，东北中俄原油管道，西南中缅原油、天然气管道与海上航运通道构成的中国四大油气战略通道格局在"十一五"期间基本形成。

从大庆精神中坚定信念 ▌

　　大庆精神，它产生于 20 世纪 60 年代初举世闻名的大庆石油会战，是中华民族精神的重要组成部分。无论过去、现在，还是将来，大庆精神都是激励人们奋进的动力。大庆精神主要包括：为国争光、为民族争气的爱国主义精神；独立自主、自力更生的艰苦创业精神；讲求科学、"三老四严"的科学求实精神；胸怀全局、为国分忧的奉献精神。概括地说就是"爱国、创业、求实、奉献"。大庆精神始终伴随着大庆油田的开发建设而不断丰富完善。

　　大庆精神是我国石油职工学习和运用毛泽东思想，继承和发扬中华民族、中国共产党、中国工人阶级、中国人民解放军的优良传统，在 20 世纪 60 年代波澜壮阔的石油大会战中，逐步培育和形成的，并在火热生动的油田生产建设实践中不断丰富、创新和发展。

一、为国争光、为民族争气的爱国主义精神

　　大庆精神的核心是爱国主义精神。"爱国"就是心系祖国、奉献石油，高速度、高水平拿下大油田，开发好、建设好大油田，大长中国人的志气，挺起民族工业的脊梁。

　　新中国成立之初，我国石油工业基础十分薄弱。1949 年石油产量仅 12 万吨，对于百废待兴的新中国来说，这无异于杯水车薪。因为缺油，首都北京的汽车背上了煤气包，有的地方汽车甚至烧起了酒精、木炭，一顶"贫油"的帽子，压得人喘不过气来！不仅如此，西方国家还对我国实施石油禁运，妄图扼杀红色政权，并断言，红色中国没有足够的燃料支撑一场哪怕是防御性的现代战争。朱德总司令忧心忡忡地说："没有石油，飞机、坦克、大炮

不如一根打狗棍啊！"

面对如此严峻的石油供需矛盾，石油工业该怎么发展？道路在哪里？1958年，主管石油工业的邓小平指出，石油勘探重点要从西部向东部转移。1959年9月26日，黑龙江省大同镇松基三井喜喷工业油流，发现了大油田。由于恰逢建国十周年大庆，就命名为大庆油田。大庆油田的横空出世，是石油勘探战略东移结出的硕果，印证了我国陆相生油理论的伟大胜利，打破了中国"贫油"的论断，掀开了新中国石油工业崭新的一页！

但是，面对这样一个世界上少有的大油田，怎么把它拿下来呢？当时我们一无经验、二无技术、设备落后，国家又十分困难。这让西方国家再次认为，离开他们，我们中国人根本就开发不了这样的大油田。

面对重重困难，难道就毫无办法吗？我们就不能自己开发吗？石油工业部决定集中人力、物力和财力，以打歼灭战的形式，组织石油大会战。会战队伍更是响亮地回答："我们能找到大油田，就一定能开发好大油田！"这矛盾，那矛盾，社会主义建设等油用，是最主要的矛盾；这困难，那困难，国家缺油是最大的困难。困难面前有我们，我们面前无困难！强烈的民族自尊心和使命感，把几万会战大军集结松辽大地，打响了一场中国石油人必须打赢的战役！寂寞的荒原沸腾了，声势浩大的会战誓师大会，更是将人们的斗志激发到了极点。会战职工以毛主席的《实践论》和《矛盾论》作指导，不怕苦、不怕死、不为名、不为利，不讲工作条件好坏、不讲工作时间长短、不讲报酬多少、不分职务高低、不分分内分外、不分前线后方，一心要甩掉中国石油落后帽子；一心要高速度、高水平地拿下大油田；一心要赶超世界先进水平。"永不卷刃的尖刀"1202钻井队，一举超过苏联功勋钻井队，夺得当时的快速打井世界冠军！这个冠军，不仅仅是速度上的第一，更是信念上的超越；这个冠军，不仅属于大庆油田的一个钻井队，更属于我们有志气的全体中国人！

凭着这种报国情怀，会战队伍仅用三年时间，就成功开发建设了大庆这个世界级特大油田。到 1963 年底，大庆油田累计生产原油 1155 万吨，我国石油因此实现基本自给，一举甩掉了中国"贫油"的帽子，真正为国家争了光，为民族争了气！

一部艰难创业史，百万覆地翻天人。继大庆石油会战以来，一代又一代创业人胸怀报国情、追逐石油梦，一个个油田相继投产，一个个炼厂拔地而起，一条条管道延伸四方，绘就了一幅新中国石油工业发展的斑斓画卷。如今，中国石油已拥有 5 个规模油气生产区，6 个千万吨级以上油气田，7 个千万吨级炼油基地，3 个百万吨级乙烯基地，5 万多公里油气管道，1.8 万座加油站和较完善的营销网络；"十一五"期间，资产总额翻一番，五年再造了一个中国石油；在世界 500 强企业中排名第六，在世界 10 大石油公司中排名第五，全面彰显了中央企业的品牌和实力。

二、独立自主、自力更生的艰苦创业精神

大庆精神的精髓是艰苦奋斗。原石油工业部部长余秋里说，"对一个国家来讲，就要有民气；对一个队伍来讲，就要有士气；对一个人来讲，就要有志气。这三股气结合起来，就会产生强大的力量，就没有克服不了的困难。"

大庆油田所在的松辽地区自然条件、生活条件相当恶劣。石油会战又赶上了 40 年不遇的连绵降雨，许多工地和井场都被泡在水塘中，工人们经常站在没膝深的水中干活，工作条件极其艰苦，给生产带来了极大困难。但是连绵不断的雨季，没有浇灭工人们的会战热情，他们说："这次会战只能上，不能下！只能前进，不能后退！就是天上下刀子，会战也不能停！"油建有一个小分队，在荒原深处施工，被暴风雨隔绝，失去联系，困在野外。他们吃野菜充饥，喝雨水解渴，坚持施工，度过了艰难的 7 天 7 夜。

大庆冬天最冷时可达零下四十度。石油工人在野外作业，泥浆浇在身上，冻得就像穿了冰盔甲，走路前要先用木棍在身上敲一遍才行。天冷，冻不掉

我们的决心；地硬，硬不过我们的干劲。会战队伍义无反顾地打响了一场全员过冬突击战。北风当电扇，大雪是炒面，天南海北来会战，誓夺头号大油田。全战区从机关到基层，每天出动上万人挖沟覆土，把新铺设的输油、供水管线深埋地下，以保持油水温度。地震工人破土勘探，钻井工人冒雪打井，采油工人坚守井场，确保油流欢畅奔涌。工人们说："任凭零下四十度，石油工人无冬天！"

随着会战的逐步推进，工作量越来越大，粮食供应却越来越少，最严重的时候"五两保三餐"，就是一天只吃五两粮食。这一天五两粮食，就是身体再好，又能支撑多长时间呢！有的职工饿得难受，就跑到冰天雪地的野外，捡秋收后的白菜帮子、甜菜叶子、冻土豆来吃。有的饿得实在不行了，就喝点盐水，喝口酱油汤。由于长期缺乏营养，到1961年初，患浮肿病的就有4000多人，占会战职工总数的十分之一！为解决吃饭问题，5名会战职工家属，自己动手，开荒种地，5把铁锹闹革命。在她们带动下，油田迅速掀起了自力更生、艰苦创业的热潮，形成了石油工业"六个传家宝"，有力地保障了石油会战生产生活的顺利进行。

为什么能在恶劣的环境中毫不气馁？为什么能在极限的条件下打赢会战？因为石油人身上流淌着激情的血液，心中鼓荡着创业的豪情，为有牺牲多壮志，敢教日月换新天！

现在，石油人的生产生活条件已经逐步改善，但艰苦奋斗的精神始终不丢，艰苦创业的激情始终不减，依然是"头戴铝盔走天涯，哪里有石油，哪里就是我的家"。在国内，无论是在冰天雪地的海拉尔，还是在炎热干旱的塔克拉玛干沙漠，无论是在世界屋脊的青藏高原，还是在低洼泥泞的沿海滩涂，石油人以"缺氧不缺精神、艰苦不怕吃苦""只有荒凉的沙漠、没有荒凉的人生"的坚定信念，挺进荒原，奋战沙海，进军海洋，留下奋战的身影和坚实的足迹。在海外，中国石油大多数油气项目分布在像伊拉克这样的高风险国家和地区，政治复杂，经济发展落后，自然条件恶劣，局部地区矛盾突出、冲突严重、社会动荡、炮火纷飞。海外石油人远离祖国、家庭和亲人，还要面对随时可能发生的恐怖袭击，常年坚守在异国他乡，把自己的青春年华和聪明才智献给了祖国的石油事业，有的甚至献出了宝贵的生命，谱写了艰苦奋斗、海外创业的新篇章。

三、讲求科学、三老四严的求实精神

大地沉沉睡万年，人民科学变油田。石油，蕴藏在千米之下的岩石空隙中，看不见、摸不着。这就决定了石油人岗位在地下，工作对象是油层。要把石油开采出来，需要的不仅仅是干劲，更需要严谨的科学态度和尖端的科学技术。光有干劲，不讲科学，不做扎扎实实的工作，那就是一股子虚劲，不是实劲，就会好心办坏事，产生严重的后果。

石油会战一上手，油田就强调，拿下大油田在于狠，开发大油田在于细；讲干劲要猛如老虎，讲细劲要细如绣花。为把千千万万的具体工作同千千万万名职工挂起钩来，落到实处，油田建立了一整套岗位责任制，并狠抓"三基"工作。

采油三矿四队，当时管理二十几口井，要用二十几盘钢丝绳，每盘钢丝绳2000多米。每次使用前，队长辛玉和都要用放大镜一寸一寸地仔细检查，看上面有没有砂眼，防止刮蜡时出事故。在交接班时，生产报表涂改一个字，灭火器上有一点灰尘，开关阀门差半圈或工具摆得稍微不整齐，都要交班人一一改正，才能接班。在这种大量、具体、细致的工作中，逐步培养出了"三老四严"的好作风。采油二矿5—65井组又提出干工作"四个一样"的具体要求。

"三老四严、四个一样"得到大力倡导，在会战队伍中蔚然成风。领导干部自觉从严，要求群众做到的，领导干部首先带头做到；要求群众不做的，领导干部坚决不做。抓生产从思想入手，抓思想从生产出发，把深入细致的思想政治工作做到钻塔旁、井场上，做到广大职工的生活中、心坎里。机关部门坚持"三个面向、五到现场"，广大技术人员高度重视调查研究，坚持一切经过试验，狠抓第一手资料。设计院有个技术员叫蔡升，他为了解决向火车上装原油，到底需要多高温度的问题，就选择最冷的天气，坐上拉原油的油罐车，先后跑了五趟，每趟是五天六夜，在没有任何保温措施的情况下，每小时出来测一次温度和风的流速，带的窝窝头，都冻成了冰块。就这样，他行程1万多公里，取得了2800多个数据，最后做出了正确的设计。

大庆石油人在坚持实事求是基础上，还不断解放思想，持续创新技术。目前，大庆油田每年产油4000万吨，其中近3000万吨靠的是水驱，就是向地层注水把油"挤出来"；有1000万吨靠的是聚驱，就是向地层注化合物把油"洗出来"。二十世纪九十年代，聚驱技术就已应用于生产，但当时这种技术的关键组成表面活性剂一直靠国外进口，价格昂贵。为扭转这种受制于人的被动局面，石油石化科技人员奋发图强、迎难而上，用了三年时间，经过3500多次实验，最终研制出了国产表面活性剂，大庆油田的聚驱技术也因此站在世界同类技术巅峰。坚持走自主创新的科技之路，让大庆油田勘探开发技术成果分别于1985年、1996年、2011年三次获得国家科技进步特等奖，主力油田采收率达到50%以上，比世界同类油田高出10～15个百分点，油田开发达到世界领先水平！2009年6月26日，胡锦涛总书记视察大庆油田时，对大庆油田自主创新过程中形成的"三超"精神给予了高度评价。

发展壮乾坤，科技行高远。正是靠这种科学求实的精神和"三超"精神，中国石油勘探开发技术保持国内领先，岩性油气藏等地质理论和勘探配套技术，高含水、低渗透等复杂油气藏开发和三次采油等特色技术居国际前列；炼油化工技术稳步提升，催化裂化系列催化剂、高性能碳纤维成套技术等达到国际先进水平；长输管道在设计施工、大口径高钢级管材与制管、输送工艺等方面，实现了在国际上从追赶到领跑的历史性跨越。中国石油科技亮剑神州、蜚声海外，自立自强于世界石油工业之林！

四、胸怀全局、为国分忧的奉献精神

祖国至上，人民至上，这是每一个石油人执著的追求；为国家分忧，为祖国加油，这是中国石油始终不变的情怀。

这种奉献情怀，镌刻在艰苦卓绝的会战岁月里。二十世纪六十年代初，国家既缺油，又缺钱。会战队伍提出，要先全局，后局部；先国家，后个人；先生产，后生活。为节约资金，因陋就简、就地取材盖起当地人称之为"干打垒"的土房子，来解决工人过冬的问题。经过120天的日夜奋战，完成了30万平方米的"干打垒"，只投资了900万元，如果建成砖瓦结构的房屋，大约需要6000万，在1960年经济建设最困难的时期，为国家节省了半个多亿的资金。"干打垒精神"感动了国人，《人民日报》在报道大庆油田时这样深情地描写："看到了'干打垒'，就像看到了当年的延安窑洞；来到大庆，就像回到了战争年代的延安。"

这种奉献情怀，彰显于推动社会和谐发展的进程中。中国石油努力改善自然环境、构建和谐矿区、助力员工发展，开展帮扶救助，投身公益事业，让社会更和谐，让生活更美好。积极参与北京奥运会、上海世博会、广州亚运会，保障油品供应、安全清洁生产、文明微笑服务，担起了中央企业之责。在南方低温雨雪冰冻灾害、汶川地震、玉树地震和舟曲特大泥石流等危难关头，中国石油抗灾救灾义不容辞，一马当先，用生命坚守、为生命加油，践行着"天塌地陷油不断、保供责任大于天"的豪迈誓言，用实际行动诠释着什么叫责任、什么叫忠诚、什么叫奉献！

这种奉献情怀，挥洒在保油保供的前进征程上。继高速度、高水平拿下大庆油田后，石油人在"文化大革命"期间，顶住冲击，实现油田快速上产，原油产量以每年18.6%的速度递增，于1978突破1亿吨，保证了国家的需要，缓解了能源供应的紧张局面。1993年，我国又成为原油净进口国，目前对外依存度已高达55%。石油人再次勇挑重担，率先走出国门，到海外找油找气。在29个国家运作81个合作项目，建设五大油气合作区、四大油气战略通道，中石油在海外实现了从无到有、从小到大、由弱到强的跨越式发展，走出了一条跨国腾飞路。目前，大庆油田在创造了连续27年高产稳产5000万吨以上的世界油田开发奇迹后，4000万吨以上稳产又走过了12年；2011年底，长庆油田油气当量突破4000万吨，同时，中国石油作业产量1亿吨、权益产量5000万吨的"海外大庆"高水平、高质量如期建成。到"十二五"末，实现油气总作业量国内2亿吨，海外2亿吨，这必将让石油人为祖国加油的旋律更加激扬！

🔗 链接

　　大庆精神始终伴随着大庆油田的开发建设而不断丰富完善。1964年4月20日，《人民日报》刊发了长篇通讯《大庆精神大庆人》，指出：大庆精神，就是无产阶级的革命精神。大庆人，是特种材料制成的人，就是用无产阶级革命精神武装起来的人。这种精神、这种人，正是我们学习的崇高榜样。第一次提出了大庆精神这一概念。

　　1981年12月18日，中共中央转发国家经委党组《关于工业学大庆问题的报告》，以中央文件的形式肯定了国家经委党组对大庆精神的概括，即发愤图强、自力更生、以实际行动为中国人民争气的爱国主义精神和民族自豪感；无所畏惧、勇挑重担、靠自己双手艰苦创业的革命精神；一丝不苟、认真负责、讲究科学、"三老四严"、踏踏实实做好本职工作的求实精神；胸怀全局、忘我劳动、为国家分担困难、不计较个人得失的献身精神。

　　《关于工业学大庆问题的报告》还明确指出："大庆石油职工所以能够创造出那样的英雄业绩，为国家做出那样大的贡献，最重要的就在于他们继承和发扬了我国工人阶级的革命传统和优良品德，就在于他们有强烈的爱国主义精神和民族自豪感，有不怕困难、勇挑重担的革命英雄主义气概，有高度的主人翁责任感。他们的这种革命精神，充分体现了我国工人阶级的本色，在社会主义现代化建设的新时期，应该进一步发扬光大。"

从铁人精神中艰辛起步 ▌

不同时代的石油英模一脉相承，铁人队伍不断壮大。不同时代的石油英模一脉相承，铁人队伍不断壮大。当年王铁人激励老一辈石油工人拼命拿下大油田，把贫油帽子甩进太平洋。如今，中国石油加快走出去步伐，足迹遍布五洲四洋，宝石花熠熠生辉，百万石油员工中，石油英模是闪耀的明星。

铁人精神

铁人精神是"爱国、创业、求实、奉献"大庆精神的典型化体现和人格化浓缩，是中华民族精神的重要组成部分。石油工业部和各部委大力宣传王进喜的铁人精神，开创英模宣传的里程碑。

五面红旗

1960 年，石油工业部机关党委开展学习"王、马、段、薛、朱"运动的决定，号召学习王进喜钻井队、马德仁钻井队、薛国邦采油队、段兴枝钻井队、朱洪昌管线工段"五面红旗"艰苦创业的精神，对夺取石油大会战的胜利起到巨大推动作用。

五把铁锹闹革命

1961 年，薛桂芳带着 4 名家属妇女开荒种地，谱写了石油会战时期女性的自立、自强之歌。石油工业部大力宣传"五把铁锹"的精神，激励了无数女性职工。

最认真的人

1960 年到 1977 年,大庆油田建设第十一中队副队长周占鳌带领队员建设泵站 28 座,安装井口 2772 套,铺设管线 1394 公里,项项质量全优。1972 年,大庆党委授予周占鳌"最认真的人"称号,号召石油职工学习他"严在针尖上,细在发丝上"的认真精神。

熊元启现象

1986 年,中宣部发布向政工干部熊元启学习的通知,要求党政机关等各条战线从事思想政治工作的同志,发扬"自信、自强、自尊"的精神,刻苦学习,身体力行,努力提高政治思想水平和业务水平。石油工业部授予熊元启"模范思想政治工作者"称号,号召政工干部向他学习。

王光荣现象

1990 年 9 月,新疆石油管理局追授王光荣"铁人式的共产党员"称号。同年 11 月 10 日,中国石油天然气总公司党组号召全体石油职工向王光荣学习。1991 年,王光荣先进事迹被收入中国革命历史博物馆。

新时期铁人

1997 年 1 月,中宣部等六部委举行王启民先进事迹报告会,号召广大石油职工学习王启民"宁肯把心血熬干,也要让油田稳产再高产"的精神。

同年,中国石油天然气总公司党组授予王启民"新时期铁人"称号、王为民"铁人式的好工人"称号,开展向王启民、王为民学习的活动。

罗玉娥现象

1998 年，中国石油天然气总公司授予罗玉娥"英雄女采油工"荣誉称号，号召员工勤奋工作，无私奉献，为实现总公司的工作目标，为国民经济发展做出新的贡献。

当代青年榜样

1999 年 5 月，"当代青年榜样秦文贵先进事迹报告会"召开。四部委联合举行报告会，学习他扎根基层、投身实践、艰苦创业、拼搏奉献的精神。

共青团中央、全国青联、全国学联号召广大青年向当代青年的榜样秦文贵学习。

1999 年，中国石油天然气集团公司授予秦文贵"石油青年的榜样"荣誉称号，开展向英模学习的大型活动。

五种精神

2005 年，中国工程院党组、中国科学院党组、中国石油、中国石化发布向侯祥麟学习的决定，学习侯祥麟的"五种精神"：学习侯祥麟同志对党、对人民矢志不移、终生不悔的坚定信念；学习侯祥麟同志严谨务实的科学态度；学习侯祥麟同志自主创新的奋斗精神；学习侯祥麟同志高瞻远瞩的战略胸怀；学习侯祥麟同志无私奉献的崇高品格。

科技楷模

2005 年，中国石油授予苏永地"中国石油科技楷模"称号，并在集团公司广泛开展向苏永地同志学习的活动，号召石油职工自觉履行中国石油"奉献能源、创造和谐"的宗旨，立足本职，建功立业。

学习型红旗班组

2005 年，王海被评为全国劳动模范。他的班组建设经验被评价为"新时期工人阶级的典范，振兴老工业基地的楷模"。王海班组被评为中国石油"百面红旗"单位。

高技能人才楷模

2006 年，教育部等七部委开展学习中国高技能人才楷模的活动，宣传高技能人才的重要作用和突出贡献，学习和弘扬高技能人才刻苦钻研技术、勇攀技能高峰的精神风貌。石油行业有王为民、束滨霞两位代表入选。中国石油广泛开展学习科技型英模活动。

双百石油英模

2009 年，"100 位为新中国成立做出突出贡献的英雄模范人物和 100 位新中国成立以来感动中国人物"评选揭晓，石油行业王进喜、王启民、秦文贵当选"100 位新中国成立以来感动中国人物"。新华社撰文称，"双百"英模是"民族脊梁，时代先锋，祖国骄傲"。中国石油随后在集团内部大力开展向"双百"石油英模学习的热潮。

中国石油榜样

2006 年 12 月开始，中国石油在各单位持续开展"中国石油榜样"学习活动，向广大员工宣传先进人物的典型事迹，激发员工立足本职、勤奋学习，争做岗位操作技术能手的决心和勇气，调动了员工学技术、练本领的热情，取得了良好的宣传效果。

从英模方队中走来

"一部艰难创业史，百万覆地翻天人"。从"双百"人物的王进喜、王启民、秦文贵，到铁人精神的传人李新民、班组长的榜样王海、中国高技能人才楷模束滨霞……伴随着石油工业的发展，中国石油榜样群星璀璨，石油英模方阵不断壮大。在他们身上，集中展现着中国石油"爱国、创业、求实、奉献"的企业精神，体现着"爱岗敬业、争创一流，艰苦奋斗、勇于创新，淡泊名利、甘于奉献"的伟大劳模精神。

王进喜

铁人王进喜是中国石油工人的光辉典范、中国工人阶级的先锋战士、中国共产党人的优秀楷模、中华民族的英雄。他为祖国石油工业的发展和社会主义建设立下了不朽功勋，在创造了巨大的物质财富的同时，还为我们留下了宝贵的精神财富——铁人精神。

"王马段薛朱"

1205 钻井队队长王进喜、1202 钻井队队长马德仁、1206 钻井队队长段兴枝、采油队队长薛国邦、水电指挥部副大队长朱洪昌，是石油大会战初期涌现出的典型。王进喜，打出大庆第一口油井，创造了年进尺 10 万米的世界纪录。马德仁，创造了 21 项全国最高纪录。段兴枝，首创了冲鼠洞的新工艺。朱洪昌，负责中国第一条输油管道的建设，管道局第一任局长。薛国邦，先后提出 500多项革新建议，也是大庆油田第一个采油队长。

熊元启

20世纪七八十年代，熊元启先后在石油工业部江汉钢管厂宣传科、江汉仪表厂宣传科工作。他勤于思考，积极探索，善于联系实际、深入基层进行系统的马克思主义理论教育，成效显著。

王光荣

1986年，王光荣参加塔里木石油会战，充分发挥铁人精神，为油拼搏，忘我工作，曾与工人一起创下连续多日累计人工卸钻井液材料100多吨的纪录，病重住院仍心系井场。

王启民

1984年，王启民受命承担大庆第二个年产5000万吨、稳产10年规划的编制任务。在实施中，他智慧地攻克一道道难关，创造出世界油田开发史上的奇迹。30多年间，他先后参加40多次课题研究，主持了8项重大的专题研究和试验，取得成果38项。

罗玉娥

罗玉娥，1991年走上采油工岗位。当班期间，她先后追回被盗原油60余吨，各类物资200多件。1997年12月23日值班期间，罗玉娥与盗油的歹徒英勇搏斗，以身殉职。

李新民

李新民，大庆1205钻井队第十八任队长，铁人精神的传人。他率先推出"绿色钻井"理念，并率领钻井队成功闯入国际钻井市场，享誉国际。

秦文贵

20 世纪 80 年代初，秦文贵从华东石油学院毕业后，在青海石油管理局钻井工程处工作，坚守戈壁 17 年。他潜心钻研，为缩小青海油田与国内外先进企业的差距做出了突出贡献。

苏永地

苏永地是中国石油实施走出去战略的创业先锋。他参与了苏丹 1/2/4 区所有三维地震资料、大部分二维地震资料和 4 区部分二维地震资料的解释成图，被誉为 "海外神探"。

李贺

作为吉化北方公司的工会主席，李贺走访过 3000 多个家庭，帮助数千名下岗职工再就业，先后资助了 1100 多名困难职工子女就学。他用自己的模范行动密切了党和人民群众的联系，起到了群众工作的桥梁纽带作用。

侯祥麟

侯祥麟是著名的化学工程学家、燃料化工专家。他组织领导的重大炼油新技术科研攻关会展，使我国炼油技术接近当时世界水平，实现了石油产品立足于国内。他还推动了中国工程院的成立。

王海

王海，抚顺石化公司石油三厂分子筛脱蜡车间班长。在连续 13 年装置生产操作工作中，他带领全班组发挥 "五型班组" 的先进性作用，连创佳绩。2005 年，王海被评为全国劳动模范。王海班组先后荣获第七届全国职业道德建设百佳班组、中国石油"百面红旗"单位、全国学习型标兵班组等荣誉称号。2008 年，王海被授予"全国工人先锋号"。

张立福

张立福先后参加了东北八三工程会战、鲁宁线等国内长输管道建设，后又前往苏丹从事管道工程项目工作。1998 年，他在苏丹踏勘钢管运输道路返回途中病逝，被誉为"中国石油管道人"。

申冠

申冠，20 世纪 80 年代中期成为大庆 1205 队第十二任队长，带领员工获得石油工业部金牌三连冠。1986 年被中华全国总工会和国家经贸委授予"全国先进班组长"称号，荣获"五一"劳动奖章，并当选全国七届人大代表。1988 年被大庆市（局）党委授予"铁人式好队长"称号。

王萍

工作 10 多年来，王萍接待顾客数十万人次，从未发生过一次争吵，未算错过一笔账目。她总结的"热情一点儿、耐心一点儿、周到一点儿"服务法大受好评，形成了她到哪里、顾客就跟到哪里的"王萍效应"。

束滨霞

束滨霞，辽河油田公司新 33 号采油站站长。她总结出油井管理分类法等六种采油站管理方法，提出和实施了挖潜增效建议 1500 多井次，被誉为"油井华佗"。她探索和总结出的碰泵"七个一"操作法和"三账一卡一图"成本控制法等，为开创老油井增产新路做出重要贡献。束滨霞先后获得 30 多项荣誉称号。

链接

1989年9月25日，国务院致电祝贺大庆油田发现30周年。电文指出："30年来，大庆油田以马克思列宁主义、毛泽东思想为指针，继承和发扬我们党和人民解放军的优良传统，在社会主义工业建设的实践中，形成了以高度的爱国主义、艰苦创业和求实、献身精神为主要特征的大庆精神。"国务院认为，"大庆精神和大庆经验是我们的宝贵精神财富，需要进一步继承和发扬。"

1990年2月，江泽民同志高度评价了大庆精神，并把大庆精神进一步阐述为"为国争光、为民族争气的爱国主义精神；独立自主、自力更生的艰苦创业精神；讲究科学、'三老四严'的求实精神；胸怀全局、为国分忧的奉献精神"，就是"爱国、创业、求实、奉献"八个字。

2009年6月26日胡锦涛同志到大庆油田考察时强调，"50年来，以铁人王进喜同志为代表的一代又一代大庆油田创业者，怀着为国争光、为民族争气的远大胸怀，克服重重困难，创造了极不平凡的业绩，生产了大量国家经济发展所需要的宝贵石油产品，培育了爱国、创业、求实、奉献的大庆精神，锤炼了一支敢打硬仗、勇创一流的英雄队伍。大庆精神永远是激励我们不畏艰难、勇往直前的宝贵精神财富。"

我们试图从安全事故、环保事件、贪腐事件、质量事件中求解重创下的品牌重塑，仔细辨析企业声誉与企业品牌、企业形象、企业信誉、企业商誉之间的关系，进而有助于深化我们对企业形象的认识，通过这些管理之鉴、生存之鉴，为正确认识与处理企业形象危机奠定认知基础。

借

鉴

篇

环保事件重创下的责任重塑

违犯环保法律引致的声誉危机可以理解为企业因作为、不作为或不可抗力对环境造成严重破坏，违反环境保护的相关法律法规、国际公约等，致使企业形象、利益乃至生存受到威胁。这里不以企业的"有意为之"或"无心为失"为界定标准，主要关注是否引发环保事故或生态威胁、是否违犯法律规定。因此，蓄意违法、失职管理、意外因素等造成的环境污染与生态破坏事件均可位列其中。本节讨论的是英国石油漏油事件。

一、背景介绍

英国石油公司简称 BP，1909 年创立，在前英国石油、阿莫科和嘉实多等公司整合重组基础上形成。BP 是世界最大的私营石油公司之一，也是世界前十大私营企业集团之一。总部设于英国伦敦，拥有百万名股东，在职员工近 9 万人。其石油开采的触角触及全球众多石油资源丰富的海湾和地域。

二、英国石油漏油事件始末

2010 年 4 月 20 日，BP 租用的钻井平台在美国墨西哥湾中部发生井喷事故，爆炸燃烧 36 小时后沉没，造成 11 人死亡，17 人受伤。4 月 24 日，事故油井开始漏油，持续 87 天，约 490 万桶原油流入墨西哥湾，污染波及沿岸。该事故成为美国历史上最严重的漏油事故，被美国称为"国家生态灾难"。

事故发生后，BP 公司迅速从 160 家石油公司调集 500 人，在休斯敦成立大型事故指挥中心，并与美国当地政府积极配合，展开一系列的补救工作。

然而，BP 公司面对危机的回应态度却不尽如人意。反复强调"等事件调查结束后公布真相"的说辞并不能满足社会的需要。BP公司试图将大部分责任推给承包商的调查报告，激起油井承包商的一致抗议。Transocean和Halliburton两大公司反击称，BP公司为节约成本做出的油井设计存在缺陷，是灾难产生的根源。这在美国政府的调查中得到证实。

另外，BP公司CEO Tony Hayward在危难之际"想回归正常生活"的言论以及6月19日回到英国参加豪华游艇大赛的行为，对已经声誉扫地的BP公司来说，更是雪上加霜。

BP公司遭受社会舆论的严厉声讨，不少美国明星加入清污行动行列，以实际行动呼吁全社会对此次事件进行关注。同时，舆论的矛头也波及美国政府，美国政府开始积极介入此事，试图通过《清洁水法案》《濒危物种保护法》《候鸟协定法案》以及《石油污染法案》等相关法律法规向BP公司主张权益。上千起包括非政府组织作为原告的民事诉讼案件均陆续进入审理状态。

三、漏油事件对英国石油声誉的影响

给墨西哥湾生态环境带来的破坏摧毁了BP公司"绿色石油商"的形象。尽管BP公司通过救援井封死漏油井，控制了漏油，并采取物理、化学等措施清理泄漏的原油，但已经造成的对海洋资源的破坏毋庸置疑，水中的泄漏物对未来海洋生态的影响难以估计。

为弥补对沿岸经济造成的损失，BP公司背负高额的赔款。BP公司漏油事件给沿岸各州捕捞业、航运业、旅游业以及海洋石油相关的行业等带来严重的现时冲击与未来影响。BP公司不仅需要负担每天2.8亿美元民事诉讼的罚金，而且需要承担美国政府施加的200亿美元赔偿基金的压力。

BP公司付出了股份大幅下跌、信用评级接近"垃圾级"的惨重代价。事件发生后，不少投资者对BP公司丧失信心，纷纷抛售股票。公司股价由60.48美元/股跌至29美元/股，跌幅超过一半，超千亿美元市值"一夜蒸发"。

标准普尔 6 月 17 日将 BP 公司的信用评级从"AA-/A-1+"下调至"A/A-1"，评级前景仍为"负面"，暗示该机构还可能进一步下调 BP 公司的评级。身陷财政困境的 BP 公司将陷入出售一定资产的境地。

政府监管更加严格，行业发展受到极大限制，BP"翻身"困难重重。5 月底，美国总统奥巴马颁布命令，暂停开采墨西哥湾海面 150 米以下的深海石油，33 个已经启动的深海石油勘探项目被迫叫停。之后，美国陆续颁布一系列新的监管规定，抬高了石油企业进行石油勘探与开发的门槛。

四、补救措施及结果

BP 公司在经历企业环保声誉危机以及由此引发的财政危机等一系列挫折后，采取了一定的补救措施：

6 月 19 日，BP 公司原 CEO 被迫下台，执行董事 Robert Dudley——一个土生土长的美国人，成为危机管理的负责人，并集合了很多重量级人物组建了一支强有力的危机管理团队。

在新团队的领导下，BP 公司向美国政府承诺了 200 亿美元的赔偿金额；积极弥补民事诉讼中原告的损失；并以每天 1500 美元的代价清除污染，截至 7 月，堵漏工作基本完成。

另外，BP 公司陆续向传统媒体和新媒体总计投入 7000 万美元的广告费，并购买了主要网站的关键词搜索。BP 公司积极善后的正面报道铺天盖地，舆论的声音逐渐向 BP 公司倾斜，负责任企业的形象逐渐恢复。

7 月 27 日，BP 公司的股价在伦敦交易所早盘上涨了 1%，投资市场开始对 BP 公司持乐观态度。

2011 年，时隔一年半之后，遭受重创的 BP 公司重返墨西哥湾，拉开钻探业务的新序幕。

五、评论

法律是每一位行为主体行动的底线。无论一个国家内部，还是在全球范围，法律法规、规章制度在有效维护社会秩序和国家关系方面都发挥了重要的作用。

纵观 BP 公司原油泄漏事件，其环保声誉危机产生的根源是对海洋生物和海洋环境的破坏。有证据表明，BP 公司确实是因为疏忽大意而造成了石油泄漏，这种行为在本质上触犯了《石油污染法案》。可以说，新上任的管理者、新组建的管理团队以及一系列危机管理办法在化解 BP 公司声誉危机的过程中都发挥了不可替代的作用。但需要强调的是，BP 公司在违背《石油污染法案》赔偿规定的基础上，与美国政府达成的设立 200 亿美元赔偿金的协定，以及遵守《国际油污损害民事责任公约》所做出的一系列赔偿，在缓解企业声誉危机中作用突出。另外，BP 公司能够重返墨西哥湾与美国政府监管规定的逐步完善也有密切的关系。

安全事故重创下的声誉重塑

　　安全是企业兴衰成败的关键因素。安全管理保障员工的生命安全、设备的运行安全、产品的使用安全，不仅是企业发展的需要，而且是社会稳定的需要。如今，国际大公司已经把安全管理作为企业效益的重要组成部分，视其为提高效益的前提和基础。

　　杜邦公司起初是一家生产黑火药的小企业，是一个有着200多年历史的企业，鉴于产品的危险性，公司比较重视安全管理。公司创始人E.I.杜邦将厂址选在白兰地河边。对于生产危险品的车间来说，通常要建四面厚厚的砖墙和结实的房顶，但E.I.杜邦坚持建三面砖墙，在靠河的一面只建薄薄的屋顶。他的理由是，如果发生意外，这种设计会减少损失，将爆炸的威力导向较薄的屋顶。

　　即便这样，杜邦公司建立一套完备的安全管理体系也充满了艰辛和坎坷。

　　1815年，杜邦火药工厂发生人身伤亡事故，炸死9人。从此，E.I.杜邦为遗孤和遗孀建立养老金。杜邦家族搬进工厂，以表示和工人共命运。

　　1818年，由于一个工人喝酒导致一场可怕的爆炸，40人丧生。事后，E.I.杜邦要求员工在工作时禁酒，并且摸索出一套互惠和分享红利的制度，并实行加班工资和夜班工资制度。

　　1954年，当时被称为"世界最大火药厂"的杜邦公司，其中一辆在市区运送炸药的马车爆炸。赶车人和两名市民丧生。此后，杜邦公司在避开市区繁华地段修筑了一条环城路，用来运送这些危险品。

　　这些举措正是杜邦公司的高明之处。人性化处理事故，消除不良影响，不仅稳定了企业员工，而且树立起企业在公众和媒体心中的良好形象，实现了"安全的商业活动才是成功的商业活动"的目标。

在一次次犯错、纠错、建制的循环往复中，杜邦公司管理层和员工逐渐认识到，一个企业或机构要做好安全管理，关键在于正确认识安全的重要性和事故造成的损失。一旦发生事故，最大的损失是无形的，如对员工士气、客户关系、企业形象的影响往往要比直接经济损失高5倍至10倍。

有了这样的认识，便不难建立一套成熟的安全管理体系。

根据杜邦安全记录，杜邦百万工时的损工事件率为1，远远低于美国工业平均损工事件率，同时，杜邦超过60％的工厂实现了"0"伤害率，为此也减少了杜邦上千万美元的支出。杜邦在企业内部安全管理方面取得的成功经验，要求我们在借鉴的同时也应有所思考。杜邦公司把安全作为一项商业价值，把安全作为衡量业务成功与否的标准，把安全视作先进的企业文化；杜邦公司的安全目标是：零事故；杜邦公司的安全理念其中一条就是：一切事故都是可以避免的。

让我们看看杜邦公司员工的安全行为：上下楼梯要手扶扶手；上车后的第一件事永远是系安全带；不会因贪图美味而去安全设施不完备的小店，而且就餐时一般会选在饭店一楼靠门口的地方；住酒店会选择比较低的楼层；开会或搞活动的第一件事是强调安全，并让所有人知道安全通道在哪儿……

这些看似琐碎的行为规定其实与杜邦公司的安全理念紧密相连。

20世纪40年代，杜邦公司管理者提出"所有事故都可以预防"的理念。在此前的100年发展中，很多人认为事故总是要发生的，所有努力只是推迟它的发生而已。

但杜邦公司管理者认为，只要有决心，一定有办法防止事故发生。为此，杜邦公司主要通过防护消除隐患，创造安全的工作环境；发挥管理层的表率作用；制定安全运作的纪律规范，给管理者提供判断安全状况的依据；靠科技提高安全管理水平，包括更新安全防护设备和手段等。

一些企业将事故的发生归咎于设备不完善。事实上，96%的事故根源在于不安全行为，而不是不安全的设备。每3万次的不安全行为就有可能导致1起死亡事故。

在此基础上，杜邦公司管理者提出"零事故"的安全目标。杜邦公司的安全记录显示，公司员工在工作场所比在家里安全10倍，超过60%的工厂实现了"零伤害率"。公司每年因此减少了数百万美元的支出。而且，杜邦公司从来不进行财产保险，只依靠在安全方面的投入、完善的安全管理系统保证安全生产，不在保险方面额外付出。现在，杜邦公司被公认为美国最安全的公司。

"安全是一项具有战略意义的商业价值。它是企业取得卓越业务表现的催化剂，不仅能提高企业生产率、收益率，而且有益于建立长久的品牌效应。"这是杜邦公司员工一直向世界诉说的"安全经"。

每天8时45分，在杜邦公司的德国工厂里，杜邦聚酯和尼龙工厂的经理及其助手都要回顾过去24小时的情况。他们讨论的第一件事不是生产，而是安全。

杜邦公司的管理者重视安全并身体力行，是有效控制事故率的重要原因。

1935年前，美国没有《劳工法》。也就是说，当E.I.杜邦将全家搬进工厂的时候，并不是因为法律约束，而是出于一种"对员工安全负责"的理念。这种精神，不仅让杜邦公司在濒临破产的生死关头重新"活"了过来，而且以制度的形式传承下来。

1818年，杜邦公司建立了管理层对安全负责的制度，即安全生产必须由生产管理人员——总经理、厂长、部门经理负责，而不是由安全部门负责。这一制度现在演变成人们熟悉的"有感领导"。

杜邦公司规定，从最高决策者到一线生产人员都必须积极参与安全管理。各部门的负责人就是部门的安全责任人，而且整个公司和各个部门的安全表现与 CEO（首席执行官）和部门负责人的经济利益、发展空间直接挂钩。

在杜邦公司，最严格的是事故报告制度。这个制度规定，员工在任何国家、地区或工厂，对于损工时事件（受伤后不能在第二天回岗位上班），24 个小时之内必须通过事业部领导报告给杜邦公司 CEO。当然，这种机会并不多。

此外，杜邦公司也有安全专职人员。他们的职责是保证条例和规章被严格遵守，发现技术问题及时纠正，增加安全系数。而我国一些企业将安全重担压给安全管理部门。通常，这个部门并不是对所有岗位和环节的安全生产了如指掌，结果造成"什么都要管，什么也管不好"。

在严苛的管理中，200 多年来，杜邦公司一直推动着安全理念、技术与制度的进步。现在，在企业界内，很多公司衡量安全技术标准时，会以杜邦公司为参照系。有人甚至说，"杜邦"和"安全"已是一对同义词。

💡 启示

所有安全事故都是可以预防的，这是一个非常科学的论断，安全事故从源头就开始预防，一直到整个过程始终都预防事故的发生，如果每个环节都能科学、理性、细致入微，事故都是可以避免的。

但是有人认为根据安全学的基本原理，事故率只能尽可能被降低，而不可能完全被消除，且又根据可靠性原理，人的失误是不可避免的，安全科学的主要任务是尽量要降低事故发生率和减小事故所造成的损失，杜邦如此说只能认为他们是给自己树立企业形象，而不符合科学。还有人认为人的行为确实能够控制，但是只能是在某种程度上的控制，人的失误是在所难免的，一个再熟练的工人，他也可能在他的工作中犯各种各样的错误。因为人的失误是难免的，所以人为造成的事故也是难免的。

但换个角度来看: 杜邦讲的仅仅是预防、控制而不是从根本百分百的杜绝，从统计上来讲没有百分之百的绝对！

至于所有事故是不是可以预防？撇开自然灾祸不说，生产过程中的安全事故是可以预防的。想一想，一年不能实现零事故目标，那一个月内能不能保证不发生事故？一天呢？再想一想，一个月是由 30 天组成的，一年是由 12 个月、365 天组成的既然可以实现一天甚至一个月内零事故。那为什么不能实现一年之内包括更长时间内没有事故发生呢？根据辩证唯物主义，任何事物都是可以被认识的，没有被认识不等于不能认识，事故也是一样，所有的生产事故，包括自然灾害，发生的原因都是可以被认识，所有的安全事故都是可以预防的，包括自然灾害，如果加强监测，对于自然灾害事故也是能预防的。因为风险不等于事故。风险虽然存在，但是控制好了，它就不会升级到事故。那么既然我们可以尽可能降低风险性，那么从而控制住事故，预防事故的发生就成为可能。

我们应该借鉴杜邦公司"一切事故都可以避免"的安全理念，来调整我们的思维模式，要让每个员工从"事故是难免的"的思维模式转变为"所有事故都是可以避免"的思维模式。安全理念不同，对待安全和事故预防的态度也就不同，采取的措施也自然就不同。要实现这两种思维模式的转变，最根本的是要树立"以人为本"的思想；同时要改进我们的工作方式和方法，要让企业的每个员工都积极参与到安全中来，尤其是要注重培育团队精神，让员工们不仅能管自己，员工们还能相互提醒，相互关心，在相互帮助中产生了集体荣誉感。在工作中，各级员工要严格遵守安全规章制度、技术规程和劳动纪律，严格落实。

总之，借鉴杜邦公司"一切事故都可以避免"安全理念，实现"零"事故将不是一句空话，是有可能的。

链接：杜邦重塑之路

杜邦公司成立后不久，就设立专门的安全管理部门和管理人员，并成为世界上最早制定出安全条例的公司。

1911 年，杜邦公司成立了世界上第一个企业安全委员会。次年，杜邦公司开始进行安全统计和分析。

20 世纪 40 年代，杜邦公司明确提出 "所有事故都可以预防" 的理念。这个理念后来被广泛传播。

1953 年，杜邦公司开始统计员工非工作时间的安全情况。

1990 年，杜邦公司设立了 "安全、健康与环境保护杰出奖"。

1998 年，杜邦安全管理咨询部成立。这个部门将杜邦公司的安全管理经验和知识介绍给全球 1500 多家企业。

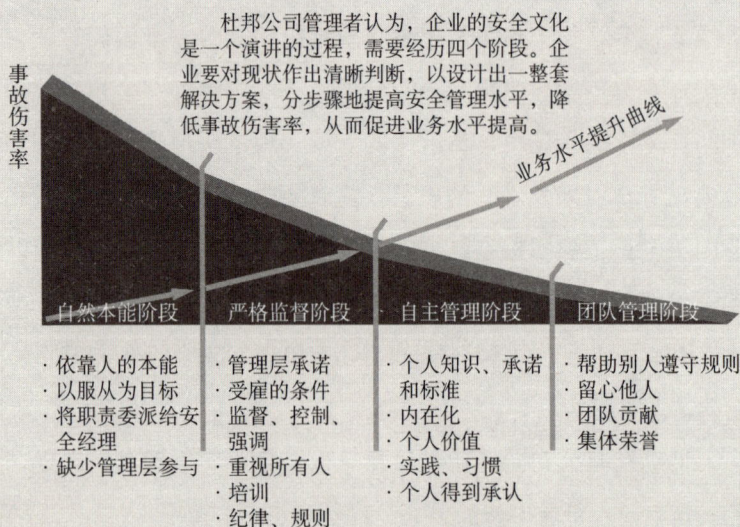

杜邦公司管理者认为，企业的安全文化是一个演讲的过程，需要经历四个阶段。企业要对现状作出清晰判断，以设计出一整套解决方案，分步骤地提高安全管理水平，降低事故伤害率，从而促进业务水平提高。

事故伤害率

业务水平提升曲线

自然本能阶段	严格监督阶段	自主管理阶段	团队管理阶段
·依靠人的本能 ·以服从为目标 ·将职责委派给安全经理 ·缺少管理层参与	·管理层承诺 ·受雇的条件 ·监督、控制、强调 ·重视所有人 ·培训 ·纪律、规则	·个人知识、承诺和标准 ·内在化 ·个人价值 ·实践、习惯 ·个人得到承认	·帮助别人遵守规则 ·留心他人 ·团队贡献 ·集体荣誉

安全文化发展进程示意图

安全管理是一个循序渐进的过程。一般来说，企业先通过实践发现问题，然后形成安全管理经验，在不断改进的过程中，得到新经验，慢慢总结出来，循环往复，形成完善的安全管理体系。

由此可见，戴明循环（也称 PDCA 循环）的基本逻辑可以帮助企业建立安全管理体系。

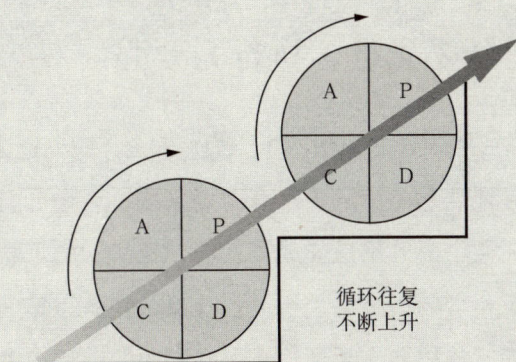

循环往复
不断上升

戴明循环的步骤

戴明循环是一个持续改进模型。它包括 4 个循环反复的步骤，即计划（Plan）、执行（Do）、检查（Check）和处理（Act）。

戴明循环适用于日常管理，同时适用于个体管理与团队管理。戴明循环的过程就是发现问题、解决问题的过程，有助于持续改进提高，有助于供应商管理、人力资源管理等。

戴明循环的三个特点：

（1）大环带小环。如果把整个企业的工作作为一个大的戴明循环，那么各部门、小组就是小的戴明循环。大环带动小环，有机地构成一个运转体系。

（2）阶梯式上升。戴明循环不是在同一水平上循环，每循环一次，就解决一部分问题，水平就提高一点。到了下一次循环，又有了新的目标和内容，更上一层楼。

（3）科学管理方法的综合应用。戴明循环用以 QC 七种工具为主的统计处理方法和工业工程（IE）中的方法，作为解决问题的工具。

📖 借鉴：理念要先进，执行力要强

杜邦公司的核心管理理念包括四个方面：安全、职业道德、对人的尊重、保护环境。核心管理理念能传承下来有两点原因。一是公司继承了发展中总结出的优秀经验。这个部分不是一成不变的，但关键的理念一定要坚持。二是杜邦公司形成了科学的员工培训机制。杜邦公司是百年老店，员工却在不断更新。要想将百年的积淀让新员工认可并吸收，就要在上岗培训、在职培训上下工夫，让员工意识到安全管理的重要性，从被动接受到主动落实。

经过长时间发展，世界大型能源企业的安全管理体系内容趋同。之所以不同公司的安全管理水平差距较大，主要原因是精细化管理水平和规章制度的执行力不同。规章制度是企业在长期发展过程中积累和总结的科学理念的结晶。我国很多企业通常不按照规章制度办事，而是用"土办法"，很容易造成隐患。

企业的执行力是自上而下的规范过程。管理层的态度很重要。如果管理层严格遵守规章制度，基层员工的执行力就会比较强。杜邦公司称之为"有感领导"。部门经理经常会和员工一起，按照规程在一线检查。这不仅能起到示范作用，而且便于交流和沟通，也会增加员工的信心。

另外，杜邦公司的优秀经验和理念是要学习的，但借鉴不等于对中国企业管理方法的全盘否定和对杜邦公司安全管理的迷信。借鉴的目的在于形成适合中国企业独有的安全管理理念。

贪腐事件重创下的形象重塑

负面消息不断、屡屡身处"风口浪尖"之上的巴西国家石油公司（简称"巴西石油"）近日又一次爆出新闻。据媒体报道，该公司日前与中国国家开发银行（简称"国开行"）签订了一份价值35亿美元（约合人民币217亿元）的融资合同，以缓解其遇到的困境。

深陷困境、不得不向中国借钱"救急"的行为，引发了人们对巴西石油这家公司的关注。身为巴西国内最大的石油企业、同时也是拉美地区最重要的国有石油公司——巴西石油公司，缘何沦落到了如此境地？

一、贪腐案牵连，巴西石油沦为本国经济噩梦

据悉，自2014年11月以来，受贪腐案的影响，巴西石油公司内部已先后有40余人被捕。2015年2月4日，包括巴西石油CEO在内的6名高管辞职。他们面临多项指控，包括与政客及承包商合谋，从项目、业务中牟取数十亿美元私利等。当地媒体报道称，巴西石油贪腐案的涉案金额已经高达40亿美元，为"巴西历史上最大的贪腐案"。此外，2015年3月初，瑞士检察机关还冻结了巴西石油大约4亿美元资金，并开启对该公司贪腐丑闻的新一轮调查。

在很多人眼里，这本是一个快乐的国度——随处飘散烤肉的香味、热情劲爆的舞蹈、身材火辣的美女、一度有着世界上最好技术和最好成绩的桑巴足球。

这个曾经快乐的国家现在似乎一下子陷入了烦恼。"在巴西的一些朋友跟我说，现在不仅足球不行，就连经济也不复当年之勇，福利可能会下降。"

然而，经济学家认为，巴西经济的下滑和民众的不满早就在意料之中。一方面，作为长期依赖铁矿石和石油出口的大国，随着大宗商品价格在

2014 年下半年以来的急速下跌，直接打压了这个国家最重要的收入来源；另一方面，随着改革的推行，又触碰到了很多中下层民众的利益，让改革陷入"两难"。

雪上加霜的是，作为少数能被称为"皇冠上明珠"的企业，由政府控股的巴西石油正成为巴西经济严重下滑的代名词和巴西民众抨击的对象，"导火索"不是巴西石油的业绩，恰恰是巴西石油内部爆发的腐败案。

二、巴西石油未来怎么办?

如果说向中国借钱能够解巴西石油眼下的"燃眉之急"，那么这家深陷困境的公司未来应该怎么办，则是一个需要好好思考的问题。

（1）从债务方面：尽快摆脱巨额债务，无疑是巴西石油走出困境的必经之路，而要想摆脱巨额债务，加速融资、增加现金流则是比较明智而现实的选择。也有部分观点也认为，在国际评级机构普遍不看好巴西石油的背景下，这家公司未来或不排除扩大与中国合作的可能。

"中国认为现在是投资巴西的好时机。中国相信巴西和巴西石油面临的问题是暂时的，并且是可战胜的。我们在西方那里见到的过度悲观在中国看不到。"在此前接受媒体记者采访时，巴西中国工商会主席 Charles Tang 曾这样表示。

"出手援助巴西石油，或许也将推动中国石化与装备制造业'走出去'，进军拉美市场。"厦门大学中国能源经济研究中心主任林伯强表示。

（2）从形象重塑方面：在品牌竞争上，树立差异化的产品特质；在品牌传播上，采取全面有效的传播模式；在责任品牌上，树立企业公民的道德垂范；在公益品牌上，拓展形象空间；在声誉管理上，重视并完善保障体系；在品牌定位上，明晰企业战略愿景。

这些，其中对重创下的巴西石油来说，未来道路漫漫兮。

三、巴西石油应该从安然事件中学到什么

安然事件（The Enron Incident），是指 2001 年发生在美国的安然（Enron）公司破产案以及相关丑闻。安然公司曾经是世界上最大的能源、商品和服务公司之一，名列《财富》杂志"美国 500 强"的第七名，自称全球领先企业。然而，2001 年 12 月 2 日，安然公司突然向纽约破产法院申请破产保护，该案成为美国历史上企业第二大破产案。严重挫伤了美国经济恢复的元气，重创了投资者和社会公众的信心，引起美国政府和国会的高度重视。

安然的崩溃并不仅是因为假账，也不全是高层的腐败，更深层次的原因是急功近利、贪婪冒险的赌场文化使安然在走向成功的同时也预掘了失败之墓。正如一位美国学者指出的，安然的文化氛围里有一种赌场气氛。

安然的核心文化就是盈利，甚至可以说是贪财。在安然，经营者追求的目标就是"高获利、高股价、高成长"。《财富》杂志撰文指出：正是由于安然公司的主管们建立了以赢利增长为核心的文化，经理们才有了很大的动力去涉险，安然追求的目标最后也只剩下一个，那就是赢利。

安然的公司精神就是冒险。安然鼓励的是不惜一切代价追求利润的冒险精神，用高赢利换取高报酬、高奖金、高回扣、高期权。安然甚至把坚持传统做法的人视为保守，很快将其"清理"出去。同时安然内部不断地进行着"大换血"，而招进的新人大多是工商管理硕士，一进门就会立即获得五百万元的炒作能源期货大权。

安然衡量成功的唯一尺度是金钱。安然强调个人英雄主义而破坏了企业赖以存在的基石——团队精神，使得安然的员工之间更多的是竞争，而不是合作。

巴西石油未来修复工作，应避免安然公司的前车之鉴。

质量事件重创下的品牌重塑 ▊

20 世纪 80 年代，强生公司如日中天，在 CEO 吉姆·博克的领导下，强生变成了一台营销发电站，以产品的推陈出新和甘冒风险而闻名。这种干劲正是吉姆·博克商业模式的体现。强生公司的增长率持续升高，甚至超过了佳洁士，成为世界保健与美容产品第一品牌。公司生产的止痛胶囊泰诺，对博克而言，更像是他的孩子，这是 20 世纪 70 年代中期他奋斗的产物。

1982 年初，强生的年销售额合计超过 50 亿美元，拥有将近 150 家公司。博克对自己的生活和获得的机遇充满感激。他喜欢每天到强生简朴的红砖总部办公楼工作。

而就在此时，一场危机在悄悄地来临。芝加哥传来糟糕的消息：库克县的法医人员报告有三人死于服用氰化物封结的泰诺胶囊。紧接着，其他地区也有 4 人同样处于垂危状态。

后来，据称全美各地有 250 人因服用该药物而得病或死亡，这些消息的传播引起全美约 1 亿多名服用泰诺胶囊的消费者的极大恐慌，一系列危机事件使得泰诺从畅销药变成"毒药"，博克的职业生涯也处于最危急的时刻。

一、应对致命危机，强生使出"召回"大法

对于何人为何投毒于泰诺，至今没有下落。两位好事的美国作家撰写了"揭开泰诺投毒狂徒真面目"的新书《通向黑暗之路》，根据警察掌握的线索和社会报道，再加上一点心理分析，作者描绘了想象中的泰诺投毒者的形象：这名"恐怖杀手"性格孤僻，一人独居，对社会怀有强烈的不满，导致惨案发生。

面对糟糕的现实，博克迅速投入行动。他首先任命戴维·科林斯担任危

机负责人，他是强生公司在宾夕法尼亚州制造泰诺的分支机构，麦克奈尔消费品部的主席。尽管任命了科林斯，但博克仍在接下来的几星期把自己的事务交给其他经理负责，自己亲自负责处理危机事件。

刚开始的几天一片混乱，无数电话打进新布伦兹维克总部的总接线台：恐慌的消费者，药师和医生，治疗中心，还不断有耸人听闻的假消息传来。当时有3100万瓶泰诺分散在美国市场。很难讲它们之中有多少也受到了氰化物的污染。

"这就像一场瘟疫，"科林斯后来说，"你不知道会在哪里结束，我们有的唯一信息就是我们不知道到底发生了什么。"他们需要快速找出氰化物封结的泰诺胶囊的购买地、药品的生产时间、运送时间和储藏时间。

随着事件的展开，博克认为第一要务就是避免更多死亡事件的发生，立即展开全国性的泰诺胶囊召回，联邦政府和FDA都支持强生的决定，装满泰诺药瓶的货架被很快清空。

二、CEO 挂帅应对危机公关，为泰诺重生而战

中毒和召回对于企业和社会来说都是很大的新闻和动作。解决了泰诺对生命的直接威胁之后，博克赶紧转向为泰诺的生存和公司的健康状况而战。他否决了永远停止泰诺生产、以新品牌重新进入市场的建议。相反，他决心要为泰诺的重生而战。

博克在公关部基础上成立危机公关领导小组，要求大家首先按照强生信条行事，绝对将顾客的安全放在第一位。他接受副总裁兼公关部经理的建议，要求按照公司信条统一口径，统一行动，积极与媒体合作，向新闻界敞开大门，公布事实真相，而不是争辩。

在面对新闻界时，强生尽可能地进行回应。在药物中毒事件发生后的数天里，坦诚圆满地答复了从新闻界打来的2000多个询问电话。

联邦调查局依然没有查出来凶手是如何下毒的。强生公司内部开了几次会议，认为生产线管理严格，问题可能出在包装上。

为了解决这一问题，麦克奈尔分支机构为泰诺研制了一种可防止乱摆弄的药瓶，而且很快成为柜台药品和许多食物、化妆品、维生素的标准包装设计。其次，强生进行了一次大规模的促销活动，向购买此款包装泰诺的人提供优惠券。

博克决定冒着巨大的风险上电视，他出现在《唐纳修谈话秀》节目中，解释可防止乱摆弄的新包装的用途，宣传优惠券活动。他的举止从容不迫，带着美国消费者可以委以生命之托的表情。

博克还在《60分钟》节目中宣传。他相信泰诺真凶最终会被找到，希望强生提供的10万美元悬赏会对此有所帮助。然而事过一年，执法部门的官员依旧一筹莫展。"没有一丝有关泰诺的信息或线索，"一位伊利诺伊州的执法官员说，"我们不光说不出是谁，我们也说不出为什么。"

三、泰诺营销成功，重新登陆

1983年1月3日，中毒事件过后三个月，泰诺的新广告首次在电视上亮相。这是为期一年的营销战略的开始，反击成功了。

与许多预测相反，泰诺在一年之内重新占领了原有市场份额的80%。强生承受了5000万美元的损失和5680万美元的广告额外支出，但确保了泰诺的继续前进。博克的母校哈佛商学院的营销教授斯蒂芬·格瑞瑟说，"这项挽救工作是我所见到的最有效的营销。"

接下来的一两年，博克又几次被拖进像泰诺中毒这样的麻烦事中。1983年，五人死于服用关节炎药洛麦克斯的并发症，强生主动召回了此药。同年11月强生生产的肾透析仪因故障使三人致死。后来，又因有人读错了强生CT扫描仪说明，招致美国食品及药物管理局对其调查。1983年12月，强生经历了一年的问题之后，一位华尔街分析家将其形容为"被蛇咬过"的。但这些都无法与泰诺事件造成的伤害相比。慢慢地，生活总能重返常态。

对博克而言，泰诺中毒事件起到了正面的效果。1982年以前，在商界打拼了30年的博克从未上过电视。可现在他是闻名遐迩了。博克接到许多演讲邀请，他经常利用这些机会向人们强调公司道德标准的重要性，赞扬强生的信条。

四、噩梦不断，博克再次接受挑战

然而，泰诺的噩梦在此来临，1986年2月7日，一位叫做黛安·埃尔斯的23岁女子来到纽约州扬克斯的男朋友家中。傍晚时因为不舒服服用了两粒泰诺胶囊。第二天，男朋友叫她起床时，发现她死了。经过当地法医的检验，结果显示埃尔斯服用的泰诺胶囊中含有氰化钾。

值得补充的是，其实1986年发生的泰诺投毒案未必跟之前是同一个凶手，毕竟，单是在泰诺案发生的1982年，美国药品及食物管理局就发现了270起类似的食品、药品污染案，其中有36宗被确认为故意投毒。时不时有人喝到有毒的巧克力或含有杀虫剂的桔子汁。

消息在2月10日下午传到公司总部，公司再次开出10万美元的赏金，对埃尔斯吃的同一批泰诺胶囊一查到底，并取消了泰诺所有的广告。

埃尔斯死亡后的第五天，博克接到了弗兰克·杨从食品及药物管理局打来的电话。杨告诉他，西切斯特发现了另一瓶受到污染的泰诺。联邦调查局报告中说没有证据表明泰诺的包装被动过手脚，那么在制造中心投毒的可能性就增大了。

五、强生勇斗神秘罪犯，避免投毒出大招

制造过程中可能投毒！这对于强生来说几乎是晴天霹雳，GMP级别的工

厂如何混进氰化物，罪犯又如何混进工厂，想想头皮都发麻。博克的态度也是很明确：罪犯再狡猾，我们也不能服输。他在公司内部旗帜鲜明地再一次坚持要保住泰诺这一金字招牌。

他认为泰诺唯一的希望就是放弃胶囊的包装形式，杜绝罪犯神不知鬼不觉投毒的可能。博克的意志说服了众人，公司耗巨资，很快研制出泰诺药片。

新策略执行之后，博克在新闻发布会上宣布了停止所有的胶囊药品，也在电台亲自进行宣传，同时又一次出现在《唐纳修谈话秀》和其他电视节目上。他带着一个超大的泰诺药片模型，表示这个糖衣药片将代替所有的泰诺胶囊。这将耗资1亿至1.5亿美元，还不算失去的市场份额所带来的损失。

博克果断、可靠的风度让他赢得了很多赞誉，毕竟，保证质量虽然是药企的天职，但是与罪犯斗智斗勇并不是他们的使命。美国总统里根也立刻出来为强生站台，他公开表示："我十分钦佩强生的吉姆•博克，他拥有企业责任的最高理想和压力之下的优雅"。

在这次营销战略中，博克利用新药片为强生树立了有远见、负责任的大公司形象。"他们使人们开始怀疑胶囊而不是泰诺，"一位竞争者抱怨。泰诺药片开始成为市场上似乎最安全的止痛产品。

博克在泰诺和公共卫生上的成就使他成为一名英雄。实际上，大多数人对博克在此事件中的评论都是赞美之词。1987年，强生成为美国最受欢迎的十大公司之一。

六、几经周折，泰诺全线恢复

止痛药泰诺得到了完全恢复，到1989年，创造了5亿美元的销售额。在博克的带领下，泰诺品牌扩张到了感冒药品和睡眠药品。

当泰诺品牌危机过后，博克于1989年宣布辞掉CEO职位，他没有提及自己为何辞职，在1990年，他入选哈佛商业名人堂，他领导的危机公关案例也成为经典的 MBA 案例,别人称赞他勇于认错,值得信任,日后强生继承了"认错"的传统,为了保护消费者利益,又进行了多次的召回。

实践:强生的信条

实践中的声誉内部管理

企业是否可以通过打造声誉,创造有助于打败其竞争对手的优势呢?答案是肯定的。强生的例子就充分证明了企业声誉的力量。

在名为"信条"责任的道德准则的指引下,强生成功树立了负责任的社会公民的形象。强生的"信条"责任强调公司对员工以及广泛意义上的健康社区的承诺。1982 年,强生因为泰诺事件接受审查而陷入危机,但它却利用这一事件在此期间进一步巩固了自己负责任的形象。

好的声誉弥足珍贵,因为它可以增强消费者对企业的信任和信心,使人们觉得"和这家企业打交道很安全"。例如,他们会很放心地购买它的股票,到它那里求职,购买它的产品和服务等。企业声誉的这些影响有利于提高企业在人才、客户和舆论等各个领域的竞争力。各项研究也表明,声誉良好的企业更能获得并长期保持高利润。因此,好的声誉可以为企业带来很多积极的回报。

然而,企业要利用声誉作为竞争武器,首先必须制订一系列计划,打造企业的形象,即企业的特征、能力、产品、服务以及行为,使企业相比其竞争对手获得关键利益相关者更高的认同。例如,强生在其信条的指引下,建立了强生文化以及对员工、医学界和客户的行为模式。这些计划的设计目的就是创造理想的形象,建立与关键利益相关者的理想关系模式。

企业声誉要成为有效的竞争武器,企业的形象和行为首先必须不时得到验证。例如，强生拥有一个广泛的定期使用其产品的客户群。对于这一类型企业，投资者、分析师和商业媒体比较容易了解该企业的商业模式，从而收集相关信息验证其特征（如强生在信条中所罗列的那样）、能力（例如管理水平）、产品（产品种类、价格和质量）和表现（例如经济效益、社会责任和环保三项基本指标）是否达到其理想标准。而且，强生总以开放、透明、平易近人的态度接待媒体。总而言之，在公众眼中，这是一家全面发展的优秀企业。

建立企业声誉的基本选择是培养一种具有广泛基础的"好"声誉，使所有的利益相关者都能与企业产生共鸣。医疗保健产品制造商强生所面对的关键利益相关者众多。因此，强生的企业形象以其广泛、全面的信条责任为支撑，衡量其成功的关键指标就是公司为所有的利益相关者创造的价值。通常，企业的高管层都认为其利益相关者的范围对企业的成功很重要。要了解哪些利益相关者对企业最重要，一个很好的办法就是分析企业内部的发展计划和控制措施。

许多企业都有一份或多份内部计划，描述企业理想的形象以及与利益相关者理想的关系，并希望能够通过这些形象和关系提高企业的声誉。例如，强生最重要的内部计划主是信条行为准则。其他企业则采取正式的战略计划、使命或愿景声明、职业首德守则等形式。

不论企业有什么样的内部发展计划，或采取了何种关键绩效衡量指标控制企业活动，最终决定企业基调的还是企业的最高管理层。董事会和CEO应当承担两个最终责任：一是设定衡量企业形象和声誉的参数，二是确保这些参数得到维护。高级管理层应当参考各方沟通顾问（例如企业事务、公共关系和市场营销等方面的问题）的建议，最终决定是否把企业声誉作为其竞争的基础。

在泰诺危机发生前，强生的企业声誉使客户相信，它一定会以对社会负责的态度解决问题。强生随后的行动也证明了公众对它的这些期待是正确的。可见，声誉即可以体现企业在各方面的"美德"，但要保持自身声誉的可信度，企业必须不断示范它，并因此让其得到验证——例如强生在泰诺危机中的表现。在这种情况下，企业声誉都具有战略意义，因为强生的声誉有效决定了其利益相关者和竞争对手对其行为的期望。而这又能帮助公众自省选择希望与之建立联系或与之保持距离的企业。

企业文化对比下的品牌重塑 ▮

以 GE 和安然、台塑为例，可以较为明显地看出企业文化在品牌重塑中的作用。

一、GE 公司

通用电气（简称 GE）是一家多元化的科技、媒体和金融服务公司，GE 的产品和服务范围广阔，从石油天然气生产、水处理、运输系统、家电、照明和医疗，到金融和新闻媒体及娱乐，客户遍及全球 100 多个国家，拥有 30 多万名员工。GE 的历史可追溯到托马斯·爱迪生，他于 1878 年创立了爱迪生电灯公司。1892 年，爱迪生通用电气公司和汤姆森—休斯顿电气公司合并，成立了 GE。GE 是道琼斯工业指数榜自 1896 年设立以来唯一至今仍在榜上的公司。

GE 成功的原因是多方面的，而卓越的企业文化则是其非常重要的方面。这正如《挑战极限——通用电气奇迹解密》一书所讲的："这家公司就像一个八面球，有非常多的侧面，非常多的色彩，而且每一个侧面都可圈可点，如群策群力、服务、六个西格玛、企业创新等等。而八面球中间的核心，就是企业文化"。那么，GE 的企业文化是什么呢？用一句话概括就是诚信文化。

建设诚信文化有许多方面的重要举措，包括制度、规范、规定、政策、措施之类，这里主要举以下几点：

（1）在任用、评估经理人员时，贯彻诚意标准和原则，突出强调贯彻公司的诚信价值观。通用电气董事长兼 CEO 杰克·韦尔奇曾经在自己的著作中列举了四种类型的经理：一是既能实现企业预定目标，又认同企业价值观的；二是既没有实现企业预定目标，又不认同企业价值观的；三是虽然没能实现企业预定目标，但能够认同企业价值观的；四是能够实现企业预定目标，但不认同企业价值观的。如何对待这些不同情况呢？对前两类毫无疑义；而对后两类，韦尔奇的做法是对第三类经理会给他们第二次机会，或者是第三次机会。而他看到，这样做确实使那些人真的重整旗鼓、东山再起了。而他不能容忍第四种类型的经理人员。由此可以看出，GE 公司在评价经理人员时，是把企业的诚信价值观放到了多么重要的位置。

同韦尔奇的上述理念一脉相承，伊梅尔特（2001 年接任通用电气董事长兼 CEO）强调："多年的经验告诉我们，如果你诚信做得好，你的业绩也会很好。我们在评估经理人时，当他们业绩好，诚信也好的时候，就非常容易评估，这些人会得到提升。如果有些人业绩不好，但诚信很好，我们还给他们第二次机会。如果有些人业绩不好，诚信不好，很容易让他卷铺盖走人。"对于那些诚信不好的人，伊梅尔特认为，如果他们是通过欺骗他人、违反规则的方式来取得业绩，公司还是要把这些人除名。尽管他们短期的业绩不错，但是他们会腐蚀整个机制，会破坏整个合作的环境，公司会因他们受损，这样的业绩肯定是短期的。

（2）GE 公司一贯强调，诚信是公司做好任何事情的基础，是在所有国家开发业务的基础。诚信的标准和原则，在全球所有的 GE 公司领域都是绝对一致的。没有任何例外，也不允许有任何例外。

（3）在 GE，高级经理人不仅要注重自己的诚信，而且还要管理好他手下的员工，让他们也能够做到有诚信。让所有员工都知道，从加入公司的第一天起就要贯彻 GE 的价值观，遵守诚信。

（4）对于全体员工来说，贯彻诚信的一个重要方法就是每位员工都有一本 GE 价值观手册。在这本手册里，诚信被列为首要之点。手册内容包含有：与客户的关系、与供应商的关系、与政府部门的交往、全球性竞争、通用电气社区、保护公司资产等方面。GE 的员工遍布全球 100 多个国家，无论在哪个国家的 GE 公司，不管你是属于哪个国籍的员工，都必须携带这本手册，遵守手册内容，还要签署"员工个人的诚信承诺"。

（5）在 GE 的诚信文化建设中，对员工进行培训也是重要的一环。这包括面对面的培训，还包括互联网上的培训。互联网上的培训，使员工可以在家里或者工作岗位上获得学习机会，比较方便，也节省时间。培训是领导人必须抓的一件事情。伊梅尔特说："我们做得最好的事情就是不把诚信作为一个法律范围内的事情，诚信并不只是法律规则，诚信政策必须符合法律，但是如果你把它交给律师去做，谁也不愿意听律师所说的话，所以你必须把它做成一个有业务领导主抓的事情。"

（6）对于 GE 价值观，对于诚信，GE 公司不仅要求本公司的员工严格遵守，还要求所有代表公司的第三方，如经销商、代理、销售代表等承诺遵守通用的政策。

（7）从 1995 年开始，GE 公司年报中增加了一项新内容：价值观的声明。这也是贯彻和坚持企业诚信价值观的一项实际措施。

二、安然公司

安然公司是美国最大的天然气和能源交易商，资产规模 498 亿美元，曾连续 4 年被《财富》杂志评为"美国最具创新精神的公司"。在 2000 年《财富》杂志评选的世界 500 强企业中排名第 16 位，被哈佛商学院认为是旧经济向新经济成功转变的典型范例。可一夜之间破产了，安然神话随之烟消云散。怎么看？世界舆论沸沸扬扬，评论甚多。而杰克·韦尔奇则是从企业文化角度看问题的。他说："安然失败的真正原因在于他们进入了一个自身并不太理解的文化之中，而其副业的实力又超过了其核心业务的实力。文化是重要的。""安然事件再次证明了企业文化的重要性"。舆论界则称安危丑闻为"诚信危机"。有一篇关于美国公司管理失误的"十诫"的翻译过来的文字讲到，"十诚"中的第八诫是"企业文化危机"，说"安然、安达信等这些公司不是一命呜呼，就是还在苟延残喘。它们的失败与少数人的错误影响分不开。这些害群之马在公司特定的文化氛围内成长与发展；这种文化崇尚虚张声势与个人业绩，是不可能对每一个员工进行约束与监管的。因此，企业文化的不健全使他们有机可乘。"美国的一位资深记者前不久出版了一本《安然帝国梦》的书。书中讲到："鱼从头烂起——安然垮了，是因为它的领导层在道德上、伦理上和经济上腐败了。"作者还披露了这样的事实：一位前CEO给公司造成20多亿美元的损失，但她本人却能带着1亿美元的巨额收入安然地离开公司。安然公司在破产前9个月，还花4000多万美元购买了一架崭新的飞机。书中剖析了安然公司内部唯利是图的文化、"压力文化"、"成则为王，败则为寇"文化、腐败文化的滋生与蔓延。这是一种什么样的道德氛围和文化氛围，人们可想而知。不难看出，正是这种背离诚信理念的文化扭曲、文化畸形导致了"安然帝国梦"的迅速破灭。

组织结构与企业文化决定了企业声誉内部管理过程中的组织保障与价值取向。本章通过分析组织结构、企业文化这两大直接影响企业声誉内部管理的组织要素，揭示出现实中企业组织中的组织设计与文化对企业声誉管理的影响有其积极作用但也存在着一些不容忽视的阻碍，而这些会影响到组织成员对声誉问题的敏感性，进而关联到整个企业声誉内部管理的有效性乃至成败。这些分析有助于企业在实施声誉管理的过程中切实地发现并解决组织中存在的问题，并提出了相关的具有实际操作意义的方案与策略。

诚信戒欺：百年胡庆余堂的根本和灵魂

清代末年，民间有这样一种说法："天下药店两家半。"这两家半中其中一家是北京的同仁堂，广州的陈李济算作半家，而另一家就是素有"江南药王"美誉的杭州胡庆余堂国药号。胡庆余堂由著名的"红顶商人"胡雪岩于同治十三年即公元 1874 年斥巨资、摹江南庭院风格而建，位于杭州风景秀丽的吴山北麓的大井巷，迄今已有一百三十余年的历史。历百年之沧桑，胡庆余堂虽几经易主变故，但始终基业稳固，在新时代更是焕发出新的风采。这固然有各方面主客观因素的作用，但归结到底，是由于其根本和灵魂——"存心济世、诚信戒欺"之传承。

同治十三年，胡雪岩 51 岁，正是其事业鼎盛时期，但其经营的产业和药业并不相关。之所以会涉足药业，是因为中国战祸频繁，瘟疫横生，难民从各地涌入杭州，贫病交加。胡雪岩为人乐善好施，看百姓受苦于心不忍，遍邀全国名医集聚杭城施药救灾，后又不断有人来信索药或登门求医。为"广救于人"，其便萌生了开药房的念头。

胡雪岩存心救世，从其用人可见一斑。胡雪岩决定开药房后，因自己并不熟悉药业，决定聘请一个业内人士作为药号经理，便在上海《申报》等报刊登了招聘广告。其后，虽不断有人前来应聘，阐述自己的经营之方，但均无外乎如何赚钱、如何做大等。而此时的胡雪岩并不缺钱，这些经理的理念和他开药号的初衷难以吻合，胡雪岩就谢绝了这些应聘者。后有人向胡雪岩推荐江苏松江县余天成药号的经理余修初，胡雪岩即登门拜访。余修初谈到其经营理念时说："办药业须以仁术为先，不应为蝇头小利而斤斤计较，只有如此，上天才会给以回报。否则，不如去多开几家当铺、钱庄更容易赚钱"。胡雪岩开药房本就为施行"仁术"、济世救人，听了余修初的想法后觉得和自己正是不谋而合，便决定聘请余修初为胡庆余堂国药号的经理。在胡庆余堂此后多年的经营中，也始终把施行"仁术"奉为药号营业之本，并将"是乃仁术"题书于营业大厅正门的上方不断提醒自己。战乱年代，百姓艰苦，常有百姓付不出足够的药费，胡庆余堂就是赔本也会把药卖给百姓，其研制的"胡氏辟瘟丹""诸葛行军散""八宝红灵丹"等药，更是经常免费向各界赠送。

百余年来，胡庆余堂施行"仁术"、存心济世的根本宗旨得以传承，如今仍然将之作为企业的使命。2003 年，突如其来的"非典"疫情侵袭我国，危及国人的生命安全和健康。在杭州的胡庆余堂门前，数百人排起了购买"非典"预防药的长队。而此时相关的中药药材如金银花、鱼腥草、板蓝根、连翘等由于需求的迅速增长而供给不足，价格暴涨，但是胡庆余堂宁肯亏本经营也没提一次价，并且为了能保质保量供应，委派员工四处奔波采购，做到没缺一次货，还带头向战斗在抗击"非典"第一线的各界人士赠送，为我国取得抗击"非典"胜利作出了卓越贡献。在这次抗击"非典"战斗中，胡庆余堂共计亏损 50 余万元。但胡庆余堂人自豪地说："胡庆余堂创建之初江浙一带瘟疫横行，胡雪岩当机立断开仓济世，免费赠送辟瘟丹，危难之中见本色，这就是我们的传统，也是我们的品牌。"

如果说"存心救世"被胡庆余堂认为是自身的使命和根本宗旨的话，那么胡庆余堂的灵魂正是其文化的核心——戒欺。提起戒欺，还有这样一个传说。相传一次胡雪岩家人生病，胡雪岩令人去同城一家药号抓药，回来发现有几味药已发霉变质，便又派下人前去调换，结果药没换到，那家药号的伙计还嘲讽其下人道："本店只有这种药，要好药，请你们胡先生自己去开一家药号吧"。胡雪岩听后大怒："可恶之至！怎能拿人的性命当儿戏？莫非看我胡雪岩真的开不起药店！"因此，胡雪岩创立胡庆余堂后，未敢忘当初受欺之事，心怀对生命的敬畏，亲书"戒欺"匾额悬于营业大厅之中作为店训。"戒欺"匾中题跋说："凡百贸易均着不得欺字。药业关系性命，尤为万不可欺，余存心济世，不以劣品弋取厚利，惟愿诸君心余之心，采办务真，修制务精，不至欺予以欺世人。是则造福冥冥，谓诸君之善余谋也可，为诸君之善自谓谋亦可。"其中既是胡雪岩对于药业经营的理念，更有胡雪岩对药号内部员工的期望，并且胡庆余堂内许多匾额都是朝外面向顾客的，唯有"戒欺"匾额挂在营业厅背后、是给员工看的，更显深意。

百余年来，胡庆余堂的"戒欺"信条，始终有两根坚实的支柱，那就是"采办务真"和"修制务精"。众所周知，中药的疗效和药材原料的品质有直接关系，而药材原料的品质又往往取决于药材的产地。胡庆余堂坚持"采办务真"，不仅是指不以假乱真，更要求其所卖的药材地道、真材实料，为此，胡庆余堂药材采购经常舍近求远。例如，去甘肃、陕西采购当归、党参、黄芪；去四川采购杜仲、川贝、黄连；驴皮必须来自山东濮县；淮山药则要购自淮河流域；去江西采购贝母、银耳；去汉阳采购龟板；至于虎骨、人参等则远赴东北关外采购；甚至一些辅药也绝不含糊，非要到药材品质最好的产地购买。如一味中药陈皮，其实就是我们常见的橘皮，浙江本地本来产量颇丰、价格也相对低廉，但就由于其药性不如广东等地的，胡庆余堂就坚持从广东采购陈皮，而且必须要陈三年以上。并且，为了保证药材质量，防止伪劣药品进入，在各药材原产地胡庆余堂都会派去进药阿大坐庄监督。这些进药阿大都是由一些经验丰富的老药工担任。在药材购回后，胡庆余堂还会继续对购进药材进行层层复查，对一些真伪难辨的药材组成鉴定组进行甄别，从而从源头上确保销售给顾客的药品质量。

如果说"采办务真"强调控制原料的品质，"修制务精"则旨在保证中成药的疗效。中药材多需经过加工处理方能符合临床用药的要求，这种加工处理即为中药炮制。中药的炮制可以说是中药精华之所在，有炮制不严而药性不准之说。清代张仲岩在《修事指南》中就曾指出："炮制不明，药性不确，则汤方无准而病症无验也"。因此，胡庆余堂对于中药炮制一直强调"修制务精"，在药物制造过程中，不惜工本、精工细作、讲究工序、严控质量。在胡庆余堂百年历史中，流传着不少精心制药的佳话，现存于胡庆余堂中药博物馆的被誉为中华药业第一国宝的银锅金铲即为其中之一。银锅金铲用于炒制一味叫做"局方紫雪丹"的镇惊通窍的急救药。该药十分名贵，当时在杭州的一家大药号也有出售，但疗效并不甚理想。胡庆余堂也对该药进行过试制，也没有取得预期的疗效。原来是制作紫雪丹的一味原料——朱砂在高温时易与铜铁发生化学反应，从而影响药效，而传统的用于紫雪丹制作的就是铜锅铲。胡雪岩得知此事后，不惜代价，耗费黄金133克、白银1835克打制成银锅金铲，从而得以炮制出药效显著的"局方紫雪丹"，并以原价出售，造福于百姓。

除了"采办务真，修制务精"，"真不二价"也是胡庆余堂"戒欺"理念的重要组成部分。真不二价是指胡庆余堂倡导在竞争中应该做到货真价实、真不二价。在胡庆余堂开办之初，曾遭到同行业的挤兑。当时杭州较大的药号叶种德堂、许广和、碧苏斋等联合起来，纷纷降价，试图以价格战打垮胡庆余堂。起初，价格战起到了一定效果，有不少顾客都跑到其他药号去买药。但胡雪岩不为所动，反而命人在店堂里挂出一块金光闪闪的金字招牌，上书"真不二价"四字，仍然坚持"采办务真，修制务精"，做到质优价实、童叟无欺。逐渐，其他药号低价导致亏损，为弥补亏损只得以次充好，药品品质受到百姓质疑，销售下降，又不得不恢复原价销售。相反，胡庆余堂凭借一直以来的品质保证，赢得了百姓信任，营业额也不断提高。

"戒欺""采办务真，修制务精""真不二价"都反映了胡庆余堂对于顾客的尊重的重创的敬畏，胡雪岩更是告诫药号员工说"顾客乃养命之源"，这一理念比日本人提出"顾客就是上帝"还要早100多年。在胡庆余堂100余年的沧桑变化中，这些灵魂思想没有变化，而被一代代传承下来、发扬光大。胡庆余堂最后一个学徒、现任掌门人冯根生就常说"戒欺"是他的"圣经"，无论做药还是为人处世，都要戒欺。1997年7月底，为了包装后多出的一颗丸药，胡庆余堂某生产车间把已包装好的药品全部重新开箱查验，为了找出那颗"空心汤团"；2005年，青春宝召回了1000多箱青春宝抗衰老片，其目的只是要把该产品外包装上的粘贴标签改为印刷标签。这些都反映了如今的胡庆余堂人对于胡庆余堂百年的经营之魂的传承。

如今的胡庆余堂，在一个仍然奉"戒欺"为"圣经"的掌门人的领导下，秉承祖训、锐意改革，经过不断创新，已经开发出胃复春片、庆余救心丸、障翳散、小儿泄泻停颗粒、金果饮咽喉片等一系列高新技术产品。2003 年初，杭州胡庆余堂投资有限公司在原杭州胡庆余堂药业有限公司资产分立的基础上注册成立，标志着胡庆余堂逐渐形成了从药材种植、饮片加工、成药生产、商业零售、医疗门诊乃至到工业旅游的一条中药产业链。2006 年，"胡庆余堂中药文化"也继 1988 年胡庆余堂列入国家重点文物保护单位后，被国务院公布为国家非物质文化遗产，成为全国绝无仅有的一个有形建筑（物质）和无形文化（非物质）双双夺魁的企业。现在，这个百年的老字号，以传统的文化为根基、以锐意的创新为导向，正走在青春的不老的路上。

杭州胡庆余堂药业有限公司。至今已有 130 多年的历史了。百年企业已属不易，百年药业更是凤毛麟角、稀世珍品。因此，人们可以从各个方面、各种视角来总结胡庆余堂成功的经验以昭示后人。其中之一就是创百年老店、建百年声誉。

企业声誉是社会各种利益相关者对企业行为的认可，当然也是对企业理念的认同。因此，企业行为在先，声誉认识在后。但胡庆余堂的可贵之处在于企业创始人在创办胡庆余堂雪记国药号时，就有清晰的企业理念："药业关系性命，尤为万不可欺，余存心济世，不以劣品弋取厚利，惟愿诸君心余之心，采办务真，修制务精，不至欺予以欺世人。是则造福冥冥，谓诸君之善余谋也可，为诸君之善自谓谋亦可。"显然，胡庆余堂雪记国药号的企业目的、目标、宗旨、使命等企业理念十分清晰，在创办初期就很明确，并在今后的实践中贯彻始终。这正是胡庆余堂百年长青的一个重要启示。

三、我们应该从"台塑"学什么?

台塑集团经历了极不平凡的发展历程。20 个世纪 50 年代,16 岁的王永庆借款 200 元钱从经营米店起家,先后开过碾米厂、砖瓦厂、木材行等,后来创办台湾第一家塑料公司,最初日产仅有 4 吨,是世界上最小的 PVC 厂。后来,经营规模不断扩大,业务领域不断拓展,目前台塑集团已发展成为台湾地区第二大石化企业集团,也是全球较大的石化企业之一。

60 多年来台塑不断发展壮大,很重要的一条是得益于其一以贯之的"勤劳朴实,止于至善,永续经营,奉献社会"文化理念。勤劳朴实,就是要有勤俭简朴和实事求是的工作生活态度,是做人的思想理念;止于至善,就是要永无止境的追求达到至善的境地,是做事的方式方法;永续经营,就是要实现企业的长远可持续发展,是企业自身追求的目标;奉献社会,就是要努力为人类社会做贡献,是企业神圣职责和使命。台塑的这种文化理念,也是不断发展完善的,在五个发展阶段有各自的侧重点。第一阶段是 1954—1967 年为自然成长阶段,发展重点是积极扩充生产设备、追求多角化经营,与之相适应的企业文化与理念是:"勤劳朴实,刻苦耐劳";第二阶段是 1968—1981 年,为统一管理制度追求合理化阶段,发展重点是成立专业幕僚管理单位,统一全企业规章制度,王永庆提出"管理要制度化,制度要表单化,表单要电脑化",推行标准成本制度、灌输主管成本观念,实施目标管理、绩效奖励制度、推动项目改善作业、追求合理化,实施利益中心制度,进行海外投资,与之相适应的企业文化与理念是:"追根究底,追求合理化止于至善";第三阶段是 1982—1992 年,为管理计算机化、生产自动化、人员合理化阶段,发展重点是推动全面管理计算机化,推动生产自动化,推动人员合理化,推动 5S(清洁、清扫、整理、整顿、教养)作业,推动 TPM(全面保养作业),推动 ISO 认证作业,率先跨入科技产业,进行海外投资,与之相适应的企业文化与理念是："与下游厂商共存共荣";第四阶段是1993—2003年,为传统产业垂直整合、扩增电子业、加强对外投资、管理e化阶段,1995年成立南亚科技公司、生产IC半导体,成立台塑胜高科技公司、生产硅晶圆,1999年成立台塑大金公司、生产电子级氢氟酸,2003年成立南亚光电公司,进入LED产业,赴中国大陆、越南投资,推动管理e化及会计一日结算作业。台塑也有失败案例,20世纪90年代中期涉足汽车业以失败收场,涉足电子业也以失败收场,现在在越南建钢厂成败未卜。台塑的文化理念,适合在较稳定的市场环境下,如石化、钢铁行业,其勤劳朴实、止于至善理念能有成效,其成本低于同行15%左右,反之则失败,如汽车、电子;第五阶段是2004年至今,为强化对外投资、跨足钢铁产业、强化安全卫生环境管理阶段,发展重点是强化对外投资、跨足钢铁产业,与之相适应的企业文化与理念是:"建立企业工安文化,追求能源效益优化"。台塑企业文化既有阶段性又有持续性,既具实用性又具前瞻性,与制度建设、管理流程、生产经营、信息化、绩效考核等紧密结合,融为一体,使台塑员工产生强烈的"切身感",培养了"用心经营、认真负责"的工作作风和良好的行为习惯。

王永庆从38岁创办台塑到90岁高龄将权力移交给7人组成的行政中心,执掌台塑长达52年,保证了台塑管理的连续性、一贯化和持续改善,形成了独特的管理模式和组织架构。各独立法人公司对能够形成经济规模的投资均无权决策,而交由共同事务幕僚去落实,如投资某个项目等。他所主导的台塑企业文化深刻影响着每个员工,全体员工都能自觉努力做好自己的事情,在所管辖的区域里和工作岗位上,各尽其能,不断改进和完善自己的工作,成为台塑文化的忠实实践者。

如果一个企业对负面形象任其发展，就会使其生存发展环境愈加恶劣，阻碍改革进程，错失发展机遇；就会影响党群干群关系，伤害职工群众的根本利益，极大地挫伤干部锐气和队伍士气；同时也会给国企央企形象抹黑，给党和国家事业造成损害。企业形象关乎队伍凝聚力战斗力，关乎事业成败。

重

塑

篇

如何重塑企业良好形象 ▎

在石油工业几十年的发展历程中，几代石油人为国分忧、为油奉献，不仅贡献了巨大的物质财富，而且创造了宝贵的精神财富，赢得了社会公众和国际同行的广泛认可，树立了中国石油良好的企业形象。但在一个时期特别是近年来，受公司个别领导人员违纪违法案件和重特大安全环保事故等影响，公司形象和声誉受到严重损害，"我当个石油工人多荣耀"被蒙上了厚厚的阴影。

集团公司党组决定，从 2015 年 8 月起，利用一年时间，集中开展以"弘扬光荣传统、重塑良好形象"为主题的重塑中国石油良好形象大讨论活动。旨在通过开展大讨论，进一步动员全体干部员工解放思想、集思广益，增强重塑形象的思想自觉和行动自觉，让损害形象的行为不再发生，让中国石油良好形象重回公众视野。

一、形象受损危害是什么？

企业形象关乎队伍凝聚力战斗力，关乎事业成败。如果我们对负面形象任其发展，就会使公司生存发展环境愈加恶劣，阻碍改革进程，错失发展机遇；就会影响党群干群关系，伤害职工群众的根本利益，极大地挫伤干部锐气和队伍士气；也会给国企央企形象抹黑，给党和国家事业造成损害。

二、形象受损的原因是什么？

既有客观原因，更有主观原因。

客观上，国企央企特殊地位和石油石化行业特性等因素，决定了我们必然成为公众重点关注对象。部分社会公众对国企的认识和理解存在偏差，对国企一些方面不切实际的诉求无法得到满足；部分非主流媒体炒作放大国企负面事件，一定程度上起了推波助澜的作用；境内外敌对势力把矛头对准国企，抹黑国企，唱衰国企，妄图搞垮党的领导和中国特色社会主义政权的重要物质基础和政治基础，等等。

但更要深入分析主观上的原因和自身的差距。一是从严治党抓得不紧，对党的建设重视不够，管党治党责任落实不到位，党风廉政建设和反腐败工作还存在薄弱环节，特别是对一把手监督不力；一些企业党组织软弱涣散，抓党建工作方法不多、措施不实；思想政治工作与形势和任务的变化还不相适应。二是领导干部思想作风滑坡，个别领导干部理想信念动摇，纪律意识和合规意识淡薄，在公司内部制造了严重的政治雾霾。三是发展理念存在偏差，一段时间内发展过于偏重规模速度，忽视质量效益，科学发展理念扎根不牢，发展方式转变滞后。四是企业管理仍然粗放，体制机制还不完善，管理理念和方式创新不够，依法合规管理推进不平衡，特别是安全环保管理中"三违"现象屡禁不止，隐患风险大量存在，事故时有发生。五是对形象塑造重视不够，缺乏顶层设计，工作没有形成合力，与利益相关者沟通不够。

三、重塑形象的意义是什么?

主要体现在四个方面。

重塑形象是贯彻落实中央精神的实际行动。党中央、国务院对国企的改革发展和形象建设始终高度重视。习近平总书记多次强调国有企业的重要地位和作用，要求国企要加大正面宣传力度和形象公关力度，增信释疑，促进了解，树立良好形象。我们必须反思公司形象方面存在的问题和原因，采取果断措施推动公司凤凰涅槃、浴火重生，不辜负党中央、国务院重托。

重塑形象是赢得社会公众理解认同的重要举措。中国石油作为国内最大的油气生产供应企业和国际化经营的石油公司，涉及国计民生，利益相关者多，社会关注度高，要更加习惯于在社会公众监督的"聚光灯""显微镜"下推进工作，全面履行三大责任❶，以稳健的经营和业绩、优质的产品和服务、公开透明的运作，回应好各方关切，取信于社会公众。

重塑形象是百万石油员工的共同愿望。石油战线广大干部员工历来听党话，跟党走，忠诚于国家和人民，并将个人前途命运与企业命运紧密相连。重塑中国石油良好形象、推动石油事业持续健康发展，事关广大干部员工的前途和福祉，更是大家的共同期盼。

重塑形象是推进集团公司稳健发展的内在要求。良好的企业形象根植于企业综合实力的提升。特别是在公司形象受到严重损害的情况下，必须把重塑形象上升到事关企业生存发展的战略高度，坚持稳中求进、稳中有为，不断提升经营业绩和竞争实力，使公司发展更平稳、更健康、可持续。

四、重塑形象的目标是什么？

总的思路是：以党的十八大和十八届三中、四中全会精神为指导，以习近平总书记系列重要讲话精神为根本遵循，进一步增强大局意识、忧患意识和责任意识，从严管党治党，从严依法治企，从严管理队伍，大力弘扬石油工业优良传统作风，振奋精神、凝心聚力，努力塑造忠诚担当、风清气正、守法合规、稳健和谐的良好形象，推进中国石油稳健发展，让中央放心、公众认同、员工满意。

应树立什么样的企业形象？即"十六字目标"：忠诚担当、风清气正、守法合规、稳健和谐。

---

❶ 即经济责任、社会责任、政治责任。

忠诚担当，就是忠诚于党、忠诚于国家、忠诚于石油事业，坚决与党中央保持高度一致，在推进国家战略实施中敢于担当负责、敢于改革创新，努力贡献国家、回报社会、惠及员工，在保障国家能源安全和促进经济社会发展中发挥主力军作用。

风清气正，就是从严治党和反腐倡廉取得显著成效，政治生态全面净化，"四风"问题和腐败现象得到根本遏制，领导班子坚强有力，领导干部廉洁奉公，员工队伍奋发向上，优良传统作风发扬光大，文化凝聚力、向心力持续增强。

守法合规，就是法治理念深入人心，公司治理体系完善，决策机制科学民主，权力运行规范有序，市场规则合理运用，经营行为诚信合规，制度执行到位，监督问责有力，违章违规、违纪违法现象有效根治，建成法治企业、阳光企业。

稳健和谐，就是公司发展稳健、业绩优良，国有资产保值增值，经营管理科学精细，各类风险有效管控，重特大安全环保事故得到杜绝，企业大局和谐稳定，社会责任切实履行，公共关系融洽友好，成为优秀企业公民。

五、重塑良好形象的举措是什么？

重塑中国石油良好形象是一项系统工程，必须坚持问题导向，突出重点、多措并举，整体推进、务求实效，全力做好五个方面重点工作，即"五个突出、五个新"。

一是要突出党对国有企业领导这个核心，在从严管党治党上有新作为。重塑形象首先要抓管党治党。要认真贯彻中央相关文件精神，加强党组自身建设，发挥示范带头作用；严格落实党建工作责任制，形成一级抓一级、层层抓落实的党建工作格局。要切实加强党的组织建设，坚持党的组织与行政管理机构同步设置、党组织负责人与行政领导同步安排、党建工作与企业改革发展同步谋划。要严肃党内政治生活，严格党员教育管理，严明党的纪律，树立起政治坚定、纪律严明、敢于担当、勤政为民的良好形象。要把反腐倡廉作为从严管党治党的重中之重，保持反腐败高压态势，突出抓好"两个责任"落实，创新纪检监察体制机制，着力强化监督制约，加大纪律审查力度，打造风清气正的良好政治生态。

二是要突出领导干部这个"关键少数"，在建设忠诚、干净、担当的干部队伍上打开新局面。要在坚持正确选人用人导向，特别是选优配强一把手上下工夫。从严把好选人用人关，贯彻落实"好干部五条标准"❶，严格按照《党政领导干部选拔任用工作条例》办事，从严落实干部选拔任用责任追究制度，从严加强对领导干部的监督管理。领导干部要在争做践行"三严三实"表率上下工夫。严格对照"三严三实"的标准要求，树立起忠诚、干净、担当的良好形象；永葆对党忠诚的品格；坚守个人干净的底线，正确对待权力和利益；强化敢于担当的意识，团结带领广大员工顽强拼搏，破解发展难题、化解各种矛盾。

三是要突出依法治企这个战略举措，在建设法治企业和谐企业上取得新进展。依法治企，是确保企业合规经营、有效防范风险的根本之策，事关企业改革发展、形象重塑和长治久安。要牢固树立法治理念，针对重点领域和薄弱环节，提高依法治企能力和水平，实现安全、清洁、和谐发展。

四是要突出提升质量、效益这个立足点，在推进稳健发展上见到新成效。良好的发展业绩是公司重塑形象的根本。必须坚决纠正发展理念上的偏差，加快转方式、调结构，从追求规模速度的粗放发展转到注重质量、效益的稳健发展轨道上来。要推动主营业务提质增效升级，积极稳妥推进改革创新，稳步提升企业管理水平。

五是要突出大庆精神、铁人精神这个灵魂，在增强文化感召力、影响力

---

❶ 习近平总书记在2013年6月全国组织工作会议上提出，好干部要做到信念坚定、为民服务、勤政务实、敢于担当、清正廉洁。

上有新气象。要保持大庆精神、铁人精神的恒久活力,深入开展大庆精神、铁人精神再学习再教育,引导全体员工积极争做大庆精神、铁人精神的传承者实践者,树立敬业、守纪、奉献的良好形象。要改善企业形象的传播效果,加强统筹谋划,整合相关资源,健全宣传工作机制,主动传播企业声音,讲好石油故事;完善新闻发言人制度,主动发声、释疑解惑;创新传播方式,不断提升舆论引导的针对性实效性;面向市场、面向国际加强品牌建设,把"中国石油"打造成国际知名品牌;积极改善公共关系,增进各方面的理解、认同和支持;高度重视投资者关系,提升资本市场信心。

六、重塑形象大讨论活动的主题是什么?

这次大讨论活动主题是"弘扬光荣传统、重塑良好形象"。在活动中要牢牢把握正确方向,以习近平总书记系列重要讲话精神为根本遵循,把中央的决策部署及党组的各项要求贯彻始终。要准确理解活动主题的内涵,既要看到公司形象受损的严重危害性,深刻反思存在的突出问题及产生原因,也要看到公司的历史贡献和光荣传统,坚定发展自信、文化自信,在继承的基础上开拓创新、发扬光大。

七、大讨论活动应坚持的主要原则是什么?

大讨论活动要把握以下四条主要原则。

坚持领导带头。从党组和党组成员做起,各级领导班子和领导干部要带头学习、带头宣讲、带头参加讨论、带头整改落实,特别是要把自己摆进去,结合本单位和个人实际,敢于揭短亮丑,制定整改措施,形成以上率下的示范效应。

坚持全员参与。牢固树立"人人都是企业形象大使"的理念,发动全体干部员工从我做起、建言献策、承诺践行,为重塑中国石油良好形象增光添彩。

坚持问题导向。把发现问题、剖析问题、解决问题贯穿全过程，以革弊立新、促进发展来体现大讨论活动的效果，不见成效不松劲、不达目的不收兵。

坚持开门讨论。塑造企业形象的主体是企业，评价在社会公众。以诚恳的态度面向政府部门、研究机构、合作伙伴、新闻媒体和社会公众，积极互动、征求意见，倾听批评、接受监督，避免"自弹自唱"。

八、大讨论活动应把握哪几个关键环节？

大讨论活动重在把握好三个关键环节，有重点、有目的地协同开展，做到步步推进、层层深入。

（1）学习讨论。认真学习党的十八大和十八届三中、四中全会精神，深入学习习近平总书记系列重要讲话精神，学习、重温大庆精神、铁人精神和石油工业优良传统作风，学习贯彻集团公司领导干部会议精神和党组的部署要求。特别是要把深入学习习近平总书记系列重要讲话作为开展大讨论活动的统领和关键，把总书记治国理政的战略思想和"四个全面"的战略布局要求贯彻落实到活动的全过程，做到真学真懂真用。要围绕"企业形象是什么""形象受损为什么""重塑形象靠什么""我为重塑形象做什么"等话题展开深入讨论。

（2）查找问题。要联系自身实际查找问题和差距，查实查深、找准要害。既要查找单位问题也要查找个人问题，既要查找表象问题也要查找深层次问题，既要查找管理漏洞也要查找制度缺陷，既要对照先进典型和光荣传统深查差距、分析原因，也要对照反面事例和典型案例深刻反思、举一反三，研究确定整改方向。要分清层次、重点突出，哪一级查找哪一级的问题，哪个岗位查找哪个岗位的问题。

（3）整改提升。根据查找的问题，制定切实可行的整改提升方案。整改方案要注重可操作性，整改措施要目标化、具体化、责任化，明确分工、推进方式和进度要求，逐条整改、检查、落实。在整改提升中及时总结推广活动中的好方法、好经验、好典型，让亮点成经验、让经验成制度，把典型推广开、标杆树起来，把成果展现出来、传播出去，形成重塑形象的长效机制。整改提升重在对症下药，解决存量问题、杜绝增量问题，防止搞形式、走过场，确保取得实效。

九、如何组织好大讨论活动？

加强组织领导。各级党委要认真制订实施方案，对活动的安排部署、组织推进、实施效果负责。党组书记要亲自推进落实，做好督促检查，当好第一责任人。各部门要明确责任，密切配合，形成党政工团齐抓共管的工作机制。

强化宣传引导。加大正面宣传力度，大力选树宣传先进典型，牢牢把握舆论主动权，及时报道活动进展和成效，形成良好的宣传氛围。同时善于运用微博、微信等新媒体来丰富大讨论活动的渠道和形式，增强互动交流性，为大讨论活动健康有序开展发挥好舆论导向作用。

创新方式方法。充分发挥主观能动性，组织广大干部员工忆传统、谈责任、话发展，讲创业故事、创新故事、身边故事。创新活动载体，线上线下结合，采取问卷调查、主题论坛等多种方式组织引导广大干部员工积极参与。深入基层，充分展示中国石油改革发展新成果和新时期石油人风采。

做好统筹协调。坚持把大讨论活动与"三严三实"专题教育相结合，与巡视反馈问题整改相结合，与做好当前生产经营工作相结合。通过"三个结合"，查找解决领导干部不严不实的问题，回归严实作风。推动巡视审计检查发现的问题整改，促进安全环保隐患整治，加强依法合规管理，落实开源节流降本增效措施，切实把大讨论活动的成效转化为推动公司发展的强大动力。

如何与"三严三实"专题教育结合

一、深刻理解"三严三实"的提出背景和丰富内涵

习近平总书记多次强调党员干部特别是各级领导干部，要严以修身、严以用权、严以律己，谋事要实、创业要实、做人要实，为加强新形势下党的思想政治建设和作风建设提供了基本遵循。

从提出背景来看——

党的十八大以来，中央确立推进"四个全面"战略布局❶、实施"一带一路"❷等重大举措，引领和凝聚中华民族在实现伟大复兴中国梦的征程中奋勇前行。在这样的历史背景下，习近平总书记对领导干部提出"三严三实"的要求，有着深刻用意和战略思考，体现了新一届中央领导集体从严从实的鲜明执政风格。

2014年3月9日，习近平总书记在参加十二届全国人大二次会议安徽代表团审议时提出"三严三实"具体要求。

严以修身，就是要加强党性修养，坚定理想信念，提升道德境界，追求高尚情操，自觉远离低级趣味，自觉抵制歪风邪气。

严以用权，就是要坚持用权为民，按规则、按制度行使权力，把权力关进制度的笼子里，任何时候都不搞特权、不以权谋私。

严以律己，就是要心存敬畏、手握戒尺，慎独慎微、勤于自省，遵守党纪国法，做到为政清廉。

谋事要实，就是要从实际出发谋划事业和工作，使点子、政策、方案符

---

❶ 全面建成小康社会、全面深化改革、全面依法治国、全面从严治党。

❷ 丝绸之路经济带和21世纪海上丝绸之路。

合实际情况、符合客观规律、符合科学精神，不好高骛远，不脱离实际。

创业要实，就是要脚踏实地、真抓实干，敢于担当责任，勇于直面矛盾，善于解决问题，努力创造经得起实践、人民、历史检验的实绩。

做人要实，就是要对党、对组织、对人民、对同志忠诚老实，做老实人、说老实话、干老实事，襟怀坦白，公道正派。要发扬钉钉子精神，保持力度、保持韧劲，善始善终、善作善成，不断取得作风建设新成效。

这是"三严三实"的首次提出和具体阐述。

此后，习近平总书记2014年3月18日到河南省兰考县调研指导党的群众路线教育实践活动，2014年10月8日在中央召开的党的群众路线教育实践活动总结大会上，2015年1月21日视察驻昆明部队，2015年2月16日视察驻西安部队，都对践行"三严三实"提出明确要求，进一步强调领导干部要"树立发扬好的作风""作风问题本质上是党性问题""'三严三实'是共产党人最基本的政治品格和做人准则""持之以恒改作风正风气""抓住领导干部这个'关键少数'"等等。习近平总书记在不到一年的时间里五次谈"三严三实"，为全党全国全军各级领导干部加强党性修养、锻炼过硬作风、修身为官干事，立起了镜子，树起了标尺。

"三严三实"提出以来，经历了从具体阐述到系统论述、从全党共识到决策部署、从作风要求到实效检验这样一个过程，充分彰显了治国必先治党、治党务必从严的理念和思路；彰显了打好作风建设攻坚战、持久战的信心和决心；彰显了我们党直面问题、自我净化的立场和态度。

从丰富内涵来看——

"三严三实"言简意赅而又内涵深刻，蕴涵着马克思主义世界观、人生观、价值观的核心要义，明确了正确的权力观、政绩观、事业观的本质要求，是干部作风建设的新标准，是党的建设理论的新发展。

"三严三实"体现了马克思主义政党建设的基本原则和内在要求，是新形势下加强党的思想政治建设和作风建设的重要遵循。我们党是靠革命理想和铁的纪律组织起来的，"严"是党的核心价值、独特优势、优良传统。历史告诉我们，什么时候做到了严和实，党就坚强有力、坚如磐石，从胜利走向胜利；离开了严和实，党员干部就会出问题，党的事业就会受挫折。当前，党和国家站在一个新的历史起点上，改革发展稳定任务之重前所未有，矛盾风险挑战之多前所未有，对我们党治国理政的考验之大前所未有。实现奋斗目标，应对困难挑战，既要靠强大的真理力量，也要靠强大的人格力量。人格力量就集中体现在党的优良作风上，需要以从严的精神管党治党，需要以务实的作风干事创业。所以说，从党的自身建设角度讲，"三严三实"是新的时代要求、新的实践经验，丰富了管党治党的思想内涵，发展了党的建设理论成果。

"三严三实"体现了共产党人的价值追求和政治品格，是领导干部的修身之本、为政之道、成事之要。严以修身是践行"三严"之基，根本是要提高党性修养，筑牢理想信念，严格党内生活锻炼，把牢思想和行动的"总开关"。严以用权是践行"三严"之要，重要的是按规则、按制度、按法律用权，做遵法学法守法用法的模范。严以律己是践行"三严"之本，自律是一种领导素质，也是一种领导能力，最核心的是坚持党的领导，在思想上、政治上、行动上同以习近平同志为总书记的党中央保持高度一致。谋事要实，就是一切从实际出发，实事求是。这是我们党的根本工作方法，也是我们克服各种困难、不断从胜利走向胜利的思想法宝。创业要实，就是敢于担当，真抓实干。敢于担当是共产党人的真品格，真抓实干是共产党人的行动纲领。做人要实，就是做老实人、说老实话、干老实事。党员领导干部老实、正派、坦荡，就会带动大家用老实人、学老实人、争做老实人，不让老实人吃亏。因此说，"三严三实"是共产党人"质"的规定性，是一个党员干部应当具备的"本真"的东西，是新时期党员先进性的具体体现，更是新形势下党员作风过硬的新标准。

"三严三实"体现了世界观和方法论的有机统一，不仅是一个思想理论问题，而且是一个实践行动问题。"三严"是内在要求，讲的是主观世界的改造，思想认识严起来了，行动和实践才能有科学的认识基础；"三实"是行为取向，讲的是客观世界的改造，行为方式与行动求实务实了，"三严"的要求才有价值，才能真正得到实践体现。将"三严三实"的要求贯穿和渗透到实际工作和日常生活之中，加强党性修养是重要的路径，必须坚持以学促修、以省促修、以悟促修，在勤学精学中、在反省反思中、在感悟参悟中促进党性修养，促进作风修炼。我们要大力倡导"三严三实"，积极践行"三严三实"，真正内化于心、外化于行，更好地履行共产党人的崇高职责。

总之，中央部署开展"三严三实"专题教育，作为党的群众路线教育实践活动的延展深化，作为持续深入推进党的思想政治建设和作风建设的重要举措，作为严肃党内政治生活、严明党的政治纪律和政治规矩的重要抓手，对于推进"四个全面"战略布局，落实从严管党治党要求，具有重大的历史意义和紧迫的现实意义。必须切实增强责任感使命感，把"三严三实"专题教育开展好，把中央要求不折不扣地落实好。

二、充分认清发扬严实精神是推动企业发展的迫切要求

集团公司作为国有重要骨干企业和我国最大的油气生产供应企业，在推动我国能源生产和消费革命、保障国家能源安全、实现国有资产保值增值等方面肩负着重大责任，承担着神圣使命。

近年来，面对错综复杂的国际环境和国内经济总体下行、油气市场需求不旺的严峻形势，集团公司党组牢牢把握大势，始终保持定力，实施有质量有效益可持续发展方针，全面推进世界水平综合性国际能源公司建设，从规模速度向质量效益发展转型，油气储量继续高峰增长，国内国外油气当量增

速位列国际大石油公司前茅，炼化布局和结构逐步优化，油气营销能力持续增强，海外五大油气合作区、四大战略通道、三大油气运营中心建设深入推进，国际化水平持续提升，工程技术服务保障能力和市场竞争力进一步增强，和谐矿区建设深入推进，公司综合实力显著增强。2014 年年底在世界大石油公司综合排名居第 3 位，世界 500 强排名居第 4 位。尤为难得的是，这些成绩是在面对错综复杂的内外环境、经受多重压力和重大考验下取得的。

一是企业持续健康发展面临严峻挑战。2014 年以来，受宏观经济影响，全球油气市场发生剧烈变化，供需总体宽松的格局更加明显，国内油气需求增速放缓，特别是国际原油价格持续大幅下行后，目前仍处于低位运行，全球石油行业进入残酷的"严冬"。集团公司对油价变动十分敏感，经营压力巨大，任务十分繁重。油价大幅下跌对产业发展、投资决策、生产经营管理等产生严重冲击，直接或间接地影响集团公司各业务板块，给企业带来全方位、深层次、多领域的困难和挑战。同时，近年来集团公司在快速发展的过程中，自身的矛盾和问题也进一步凸显：大规模投入的边际效果明显递减，生产建设成本大幅攀升；资产规模过大，运营质量效益亟待提升；整体盈利能力不强，除油气主营业务外，其他业务多处于亏损或微利状态；体制机制、技术管理和商务模式创新不够，等等。所有这些，对推进企业持续健康发展提出了新的更高要求。

二是深化企业改革面临倒逼压力。习近平总书记指出："能不能适应新常态，关键在于全面深化改革的力度""推进国企改革要奔着主题去""要建立产权清晰、权责明确、政企分开、管理科学的现代企业制度""要发展混合所有制经济，提高国有资本利用效率，同时要严格程序、明确规范，做到公开公正透明"。这几年，集团公司在全面深化改革上做了不少工作，确定了改革的总体思路和重点任务，积极稳妥推进部分领域专项改革，一些改革措施已经显现出成效，但也需要进一步加快谋划设计、加大推动力度、加强督促检查。现在，集团公司全面深化改革进入深水区攻坚期，面对的都是难啃的硬骨头，需要解决的问题格外艰巨，必须加大改革力度，加快调结构转方式步伐，强化管理苦练内功，走低成本发展之路。

三是维护企业和谐稳定大局任务艰巨。集团公司业务覆盖面广、利益相关者多、社会关注度高，队伍稳定一旦发生问题，不仅会造成不良的社会影响、政治影响，甚至产生国际影响。特别是随着改革各项举措的深入推进，势必带来利益格局的重新调整，各种诱发稳定问题的因素将会不断增多，各种矛盾问题将会进一步显现。企业历史形成的遗留问题积淀较深，不同利益群体诉求日益多样，利益关系处于动态中的脆弱平衡，随时触发矛盾冲突的态势依然存在。新媒体时代互联网的发展使虚拟与现实急速转换，由网络煽动造成重大群体性事件的可能性不容忽视。个别高管的严重违纪违法对集团公司大局和员工队伍的稳定产生了重大影响。此外，随着集团公司国内外业务不断拓展，面临的防恐、防破坏的压力会越来越大、任务将越来越艰巨。

各级领导干部是干事创业、攻坚克难的主心骨、带头人。只有树立严的标准、实的作风，才能抓住集团公司大有可为的重要战略机遇期，主动适应经济新常态，积极应对低油价的严峻挑战，克服高油价下求多求快、求大求全的定势思维，改变重生产、轻市场"靠天吃饭"的惯性思维，从追求快速发展转变到坚持稳健经营上来，依靠科技创新、管理创新筑牢发展根基，突出质量效益，打赢开源节流降本增效攻坚战，实现持续健康发展；只有树立严的标准、实的作风，才能解放思想、勇立潮头，着力转变发展方式、加大结构调整、促进布局优化、实现转型升级，蹄疾步稳地全面深化改革，依靠改革创新解决当前企业发展中矛盾多、包袱重等难题，进一步增强企业发展活力和动力，切实以改革的实际成效展现中国特色国有企业的制度优势和竞争优势；只有树立严的标准、实的作风，才能始终心系群众、密切联系群众、主动服务群众，做好及时化解、及时疏导工作，把不稳定的苗头消除在萌芽状态，形成万众一心、共谋发展的良好态势。

三、清醒认识党员领导干部中存在的"不严不实"问题

党的十八大以来，集团公司各级党组织和广大党员干部坚决贯彻中央决策部署，深入贯彻中央八项规定精神，大力反"四风"、树新风，自觉弘扬大庆精神铁人精神，积极推进企业改革发展稳定各项工作。特别是面对严峻生产经营形势和特殊敏感时期，各级领导干部始终保持政治清醒，坚定正确立场，严守组织纪律，在大是大非面前不摇摆，恪尽职守，经受住了考验，维护了企业大局稳定，充分体现了对党忠诚、对组织负责、对事业负责。这是干部队伍的主流，必须给予充分肯定。同时，必须清醒地认识到，对照"三严三实"要求，领导干部身上还不同程度存在一些"不严不实"问题。主要表现为以下几个方面。

一是理想信念滑坡。有的党员领导干部对马克思主义的信仰不足，对政治理论学习缺乏热情，对规定的学习内容不感兴趣，满足于看文件、听报告、参加集中培训等一般性了解，浅尝辄止，政治理论功底欠缺。有的领导干部认为共产主义理想太遥远，在党不为党，在党不信党，修身不严，信念动摇、理想缺失、精神迷茫，党员意识弱化，价值观偏移，不信真理信金钱，不信马列信神灵，有的甚至忘记了自己党员干部身份，把自己等同于普通群众。

二是群众观念减弱。有的领导干部宗旨意识淡薄，为民服务态度不端正，偏重对上级负责，为员工群众着想不够，深入基层、深入群众听取意见少，与一线员工接触少，对基层员工情感不深。有些领导干部习惯于高高在上，压任务多、解难题少，甚至只要是上面安排的就优先干、抓紧做，下面反映的再急，也要拖一拖、等一等、看一看，无形中拉大了与群众之间的距离，群众号召力减弱。有的机关干部对基层服务不够，存在"衙门"作风，架子大，口气大，门难进、脸难看、事难办。特别是个别领导干部无视群众、恣意妄

为、腐化堕落、违纪违法，在群众中形象坍塌，导致党群、干群关系紧张疏远，给企业声誉带来严重影响。

三是精神状态欠佳。一些领导干部对石油工业的"传家宝"坚持得不够好，大庆精神、铁人精神有所淡化，优良传统作风有所弱化，没有切实让这些严实作风内化为思想的坚守、外化为行动的自觉。一些领导干部工作热情不高，不敢担当、躲避矛盾，为官不为、得过且过，不求有功、但求无过，借口中央出台八项规定要求严了，为自己不作为找理由，该抓的事不抓，该管的事不管，甚至有"只要不出事、宁可不干事"的想法。有的干工作瞻前顾后、缩手缩脚，怕得罪人、怕丢选票，信奉多栽花、少栽刺的庸俗哲学，搞无原则的一团和气，缺乏一往无前的勇气和魄力。有的党员干部思想保守封闭，缺乏创新创业精神，对外界发展变化不关心、不敏感，工作依赖于过去的老经验、惯性思维，不去主动改变局面。有的工作标准低，有底线思维却把底线当成了标准，有"红线"意识但只把不越"红线"当成准则，不愿多花气力把事情做得更好、把工作做得更精。

四是用权不够规范。过去一个时期，个别领导干部权力观不正确，把"职权"视为"特权"，行使权力不受约束，运用权力过于"任性"，破坏了组织原则和规则程序。有的严重违反"三重一大"决策制度❶，个人拍板，决策过程不公开、不透明。有的任人唯亲，选人用人走形式、走过场。有的以权谋私，存在项目审批、工程建设、物资采购、产品销售等权力集中领域腐败案件多发问题，少数单位甚至出现集体腐败。有的领导干部利用单位平台和资源，为本人、亲属及特定关系人谋取不正当利益，内外勾结、利益输送，涉案金额大，导致国有资产流失。有的管控不力、有章不循，违反投资规定和财经

---

❶ 重大事项决策、重要干部任免、重要项目安排、大额资金的使用，必须经集体讨论做出决定的制度。

纪律、设立账外公司。特别是，周永康、蒋洁敏、廖永远、王永春等人涉嫌严重违纪违法接受组织调查，甚至受到刑事追究，暴露出在过去一段时期内，中央明令禁止的"七个有之"现象❶，在石油个别领导干部身上比较严重和突出，存在山头主义、圈子文化，对企业政治生态造成了破坏。

五是律己不够严格。个别党员干部无视党的政治纪律和政治规矩，自由散漫，会上不说、会下乱说，口无遮拦，甚至连基本规矩都不讲。有的领导干部法治意识淡薄，把自己混同于"老板"，把工作管辖范围当成"私人领地"，总认为高人一等，居功自傲，妄自尊大，个人行为不受约束，搞特殊化。有的把职位作为享受的阶梯，讲求排场和特殊享受，挥霍浪费，贪图奢靡。有的干部腐化堕落，抹不下面子，按捺不住贪欲，几顿饭、几杯酒、几张卡下去，损失的是公款，挑战的是公权。有的领导干部对家人、亲属和身边工作人员失之于宽、失之于软，丢的是正气，被撬动的是为人为官的基础防线。有的领导干部"红线"面前不收敛，禁令面前不收手，滥发福利、公款吃喝等现象尚未杜绝。

六是谋事不够务实。有的领导干部业绩观不正确，热衷于提脱离实际的口号、定脱离实际的指标。有的调查研究流于形式，对基层情况了解不深不透，想问题、办事情、做决策脱离基层实际，个别决策和管理办法没有充分征求意见和论证，效果不好；有的工作深度不够，顶层设计不科学，形式重于内容，操作性不强，基层难落实；有的谋划工作急功近利，只顾眼前、不顾长远；有的面对繁重的改革任务，面对要求越来越高、监管越来越严，对新常态一时不能适应，对深化改革、依法治企、从严治党等新任务新要求不熟悉、

---

❶ 摘自《习近平关于党风廉政建设和反腐败斗争论述摘编》。即：一些人无视党的政治纪律和政治规矩，为了自己的所谓仕途，为了自己的所谓影响力，搞任人唯亲、排斥异己的有之，搞团团伙伙、拉帮结派的有之，搞匿名诬告、制造谣言的有之，搞收买人心、拉动选票的有之，搞封官许愿、弹冠相庆的有之，搞自行其是、阳奉阴违的有之，搞尾大不掉、妄议中央的也有之。

不学习，在靠吃喝处感情、拉关系跑项目等传统打法不能用的情况下，新的办法不多、工作思路不宽，甚至束手无策，存在"本领恐慌"。

七是创业不够扎实。有的对事业不负责任，热衷形象工程、面子工程，搞形式主义、花架子，甚至弄虚作假、报喜不报忧。有的管理方式粗放，片面追求规模和速度，忽视质量和效益，盲目铺大摊子、上大项目。有的工作中把学过了等同于弄懂了，把部署了等同于落实了，把抓过了等同于抓好了，把没出事等同于没问题，满足于"一阵风"、热热闹闹走过场。有的创新精神不强，缺乏开拓进取的魄力和攻坚克难的决心，不愿触及事关改革发展的复杂问题。

八是做人不够老实。个别干部对党不忠诚、做人不老实，自行其是，甚至阳奉阴违。有的说一套、做一套，台上一套、台下一套，当面一套、背后一套。有的谋人不谋事，工于心计，一门心思"往上爬"，热衷于"找门路、拉关系、接天线"。有的见风使舵、看人办事、巧言令色，对上唯唯诺诺、点头哈腰，对下官气十足、趾高气扬。有的受惯性思维影响，内心痛恨"潜规则"，却又希望成为"潜规则"的受益者，要求别人公开公正公平，但自己办事时依然试图找门路、托关系、走捷径。

这些问题归根结底就是信念不坚定、对党不忠诚、心中无群众、个人不干净、工作不担当，就是信念问题、思想问题、作风问题、修养问题。这些问题如不解决，将对党的事业、企业发展、干部成长产生负能量，带来滋生消极腐败的严重后果，给国家和企业造成巨大损害；将带坏干部职工、败坏企业和社会风气；将导致严重脱离群众，损害党群、干群关系，甚至使领导干部走向违法犯罪的深渊。对此，各级领导干部必须高度警醒起来、高度重视起来，以对党、对国家、对企业、对个人高度负责的态度，采取有效措施，切实加以解决。

四、努力争做践行"三严三实"的企业领导干部

践行"三严三实"要求是历史的、现实的，更是具体的、丰富的。在石油工业60多年实践中形成的大庆精神、铁人精神和石油优良传统作风，体现了石油人对待事业的态度和原则，干好工作的标准、方法和作风。作为中国石油的领导干部，传承弘扬大庆精神、铁人精神和优良传统作风，既是神圣使命，也是落实"三严三实"的生动体现。应积极践行"三严三实"要求，大力弘扬大庆精神、铁人精神和优良传统作风，努力争做讲党性、守规矩、重自律、敢担当、崇实干、行正道的企业领导干部。

一是严以修身，做讲党性的领导干部。讲党性的核心是信念坚定、对党忠诚。对马克思主义的信仰，对社会主义和共产主义的信念，是共产党人的政治灵魂。对党忠诚、对事业忠心，是每名党员干部特别是领导干部最基本的政治素养和党性原则。60多年来，中国石油的广大党员干部，坚持以余秋里、康世恩等老一辈石油工业领导干部为榜样，始终讲政治、讲党性、讲大局，以对党和国家的无限忠诚，以对石油事业的无限热爱，团结带领广大干部职工始终高唱"我为祖国献石油"的主旋律，为维护国家石油战略安全，为推动国民经济发展做出了巨大贡献。当前集团公司仍处于特殊敏感时期，各级干部一定要经常对照党章要求审视自己，对照先进典型反思自己，对照优良传统检查自己。要进一步坚定理想信念，坚定道路自信、理论自信、制度自信，把对党绝对忠诚铸入思想、融入灵魂、见之于行，自觉紧密团结在以习近平同志为总书记的党中央周围；要进一步提升道德境界，弘扬和践行社会主义核心价值观，努力以道德的力量去赢得人心、赢得事业成就；要进一步追求高尚情操，把好权力关、金钱关、美色关、亲友关、情趣关，保持高尚精神追求。特别是要坚决在思想上、政治上、行动上同党中央保持高度一致，中央号召的坚决响应，中央决定的坚决照办，中央禁止的坚决杜绝；要坚决

落实中央的重大决策部署，第一时间传达贯彻，确保政令畅通、决策落地；要绝对忠诚党的组织，坚决服从组织决定，听从组织安排，遇到问题相信和依靠组织。

二是严以用权，做守规矩的领导干部。习近平总书记指出，"治理一个国家、一个社会，关键是要立规矩、讲规矩、守规矩"。国有国法、企有企规，讲规矩是现代企业制度最本质的特征，漠视规矩往往是一切腐败的源头。当年大庆石油会战对各级干部提出的"约法三章"、"四个公开"、领导干部"五同"、领导决策"六靠"❶等，强调的都是领导干部如何用权、怎么守规，时至现在仍有重要的现实意义。如今市场、资源、权力在企业交集，但环境复杂、风险巨大，绝不是失规违规的理由。领导干部必须牢记，权力来自组织的信任、来自职工群众的重托。越是职位高、权力大，越要牢记权力的本质，对权力和规矩始终怀有敬畏之心，这份敬畏是对党和人民的敬畏，是对党纪国法的敬畏，是对规章制度的敬畏，是对市场规则的敬畏。个别领导干部违纪违法行为足以说明，对权力没有敬畏，对规矩没有敬畏，行无所惧，见利忘义，贪赃枉法，最终将踏上不归路。要秉公用权，始终牢记权力姓公不姓私，只能用来为党分忧、为国干事、为企谋利，绝不搞权力寻租、权钱交易；要为民用权，坚持党的宗旨，密切联系群众，处处关心群众，一切为了群众，多办顺民意、解民忧、暖民心、保民利的实事；要依法用权，严格遵守党纪国法，遵守企业规章制度，遵守议事规则和决策程序，确保权力行使不偏向、不变质、不越轨、不出格；要阳光用权，习惯于在监督下使用权力，在监督下工作和生活，自觉接受组织监督、舆论监督、社会监督，不断增强免疫力。特别是要严格遵守党的政治纪律和组织纪律，坚持科学民主决策，坚决执行民主集中制，一切重大问题必须经过集体讨论决定。

---

❶ 见链接。

　　三是严以律己，做重自律的领导干部。人们常讲，共产党人是"用特殊材料制成的"。党员干部如何做到这个"特殊"，一方面，要自觉在改造主观世界上下工夫，就是自己管得住自己，防止精神沦陷、"自己扳倒自己"；另一方面，要在改造客观世界的实践中不断磨练自己、改造自己，面对大千世界的诱惑能够稳得住心神，面对各种利益的纠缠能够守得住操守，始终保持共产党人的蓬勃朝气、昂扬锐气、浩然正气。石油行业一直倡导，"要求群众做到的，领导要带头做到；要求群众不做的，领导坚决不做"，强调的就是领导干部自律的问题。领导干部要切记，律己才能服人，自律严于他律，必须要在慎独慎微上下工夫。所谓慎独，就是在独处之时能够反躬自省、谨言慎行、一丝不苟。一个人在众目睽睽之下往往能够遵规守矩，但在没有人监督的时候能不能做到始终如一？这就要看慎独的功夫了。领导干部要把慎独作为一种操守、一种品格、一种风骨，让慎独的意识像影子一样伴随左右。所谓慎微，就是要在细微之处能够保持警惕、警觉、警醒，不以善小而不为，不以恶小而为之。事实上一个在小节、小事上过不了关的人，也很难在大节、大事上过得硬。从被查处的腐败分子来看，几乎都是从一条烟、一瓶酒，签个字、批个条等"小事"开始的，最终却一发不可收拾地滑向了罪恶的深渊。各级领导干部必须以"吾日三省吾身"的精神警醒自己、鞭策自己，要在思想上自觉从严，时刻以党员领导干部标准严格要求自己，常修为政之德，常思贪欲之害，常怀律己之心，增强拒腐防变的能力；要在生活上艰苦朴素，自觉抵制不良生活方式的影响，不奢侈浪费，不贪图享乐，始终保持勤俭节约的美德；要在作风上谦虚谨慎，不以势压人，不阿谀逢迎，言行一致，表里如一，始终保持同群众的血肉联系，在群众中树立良好形象。

　　四是谋事要实，做敢担当的领导干部。坚持原则、敢于担当，是党的干部最重要的品格和素质。没有担当，何谈领导，何以率下？为党工作、为事业发展，必须敢于承担责任，敢于触及矛盾，敢于直面挑战。铁人王进喜等老一代石油人，以"宁肯少活二十年，拼命也要拿下大油田"的使命担当，开创了我国石油工业的新纪元；"新时期铁人"王启民带领科技人员，以"宁肯把心血熬干，也要让油田稳产再高产"的使命担当，创造了大庆油田在世界同类油田开发史上的奇迹；"大庆新铁人"李新民等海外将士，以"宁肯历尽千难万险，也要为祖国献石油"的使命担当，续写了中国石油海外创业的崭新篇章，我们身边的优秀党员干部例子更多。领导干部必须牢记责任使命，强化担当意识，在把握大势、谋划大局上敢担当、善担当、真担当，要增强谋划发展的能力，善于把握工作的前瞻性和预见性，保证企业始终沿着正确的轨迹发展；要增强科学决策的能力，善于用系统辩证的思维考虑问题，统筹兼顾当前与长远、局部与全局、企业与社会等各方面关系，不断提高决策水平；要增强把握规律的能力，善于认识、掌握和利用规律，切实从战略上驾驭全局。尤其是当前集团公司存在质量效益矛盾突出、深化改革任务艰巨、反腐败斗争形势严峻等问题，领导干部要面对大是大非敢于亮剑，面对矛盾敢于迎难而上，面对危险敢于挺身而出，面对失误敢于承担责任，面对歪风邪气敢于坚决斗争，坚忍不拔、昂扬向上，开拓进取、奋发有为。

五是创业要实，做崇实干的领导干部。习近平总书记强调，"全面建成小康社会要靠实干，基本实现现代化要靠实干，实现中华民族伟大复兴要靠实干。"铁人王进喜常说"不干，半点马列主义也没有"。"三个面向、五到现场"❶"指挥靠前""现场办公""工人身上有多少泥，干部身上也有多少泥"等石油优良传统作风，讲的都是苦干、实干、带头干，由此也开启了中国石油艰苦奋斗、持续奋斗、不懈奋斗的创业征程。搞形式、做表面文章，摆架子、耍官僚习气，会分散干事的时间和精力，污染干事的环境，销蚀干事的力量，是实干的大敌，是阻碍实干的最大羁绊。领导干部要树立正确的政绩观，以"功成不必在我"

---

❶ 见链接。

的气概和胸怀，多干打基础的事，多干利长远的事，多干群众欢迎的事，多干有益大局的事；要坚持讲实情、出实招、办实事、求实效，出思路作决策、谋发展抓工作、知民情解民难要求真务实；要有踏石留印、抓铁有痕的实劲，抓一件是一件，干一件成一件。特别是不能急于求成、急功近利，不能搞短期行为、做表面文章，更不能弄虚作假、虚张声势。

六是做人要实，做行正道的领导干部。早在 2008 年习近平同志就指出，老实做人、做老实人，是共产党员先进性的内在要求，是领导干部"官德"的外在表现。这里所说的"老实人"，就是思想务实、生活朴实、作风扎实的人，就是尊重科学、尊重实践、尊重规律的人，就是诚实守信、言行一致、表里如一的人，就是勤勤恳恳工作、努力进取创造、任劳任怨奉献的人。石油工业长期秉承的"三老四严""四个一样"优良传统作风❶，成为几代石油人严谨负责、严细认真的鲜明特质。这种优良作风也穿越时空、历久弥新，成为新的时代风尚。在新的历史时期，每个领导干部都会有干事创业的追求，都会有创造良好业绩的渴望，但必须将内在激情与平常心态结合起来，要老实做人，对党和人民忠心耿耿、对工作尽职尽责、对群众满怀真情、对成绩谦虚谨慎。要坦荡做人，虚怀若谷、从善如流、襟怀坦荡、光明磊落。要正派做人，严格按照党的原则和政策办事，主持公道、伸张正义，刚正不阿，坚持真理，表里如一，用良好的人格魅力，树立起过硬形象。

链接

领导干部"约法三章"

指大庆会战工委在 1964 年 8 月下旬的扩大会议上，通过总结会战几年

---

❶　"当老实人、说老实话、办老实事"；"严格的要求，严密的组织、严肃的素质、严明的纪律"。

来发扬艰苦奋斗精神，干部参加劳动，领导亲临前线指挥生产、蹲点调查的好处后，制订的一项企业领导干部革命化的措施。其主要内容是：（1）坚持发扬党的艰苦奋斗的优良传统，保持艰苦朴素的生活作风，永不特殊化。（2）坚决克服官僚主义，不能做官当老爷。（3）坚持"三老四严"的作风，谦虚谨慎，兢兢业业，永不骄傲，永不说假话。1964年9月30日，石油工业部向各局、厂、公司转发了大庆工委的"约法三章"。国家计委在计划会议上印发各中央局计委，各省、市、自治区计委，抄送中央各部、委、办。国家经委在《工业交通战线》第13期上予以刊登。为了把"约法三章"执行好，油田各级领导干部始终坚持每月开一次党小组会，每年组织基层干部、工人、家属代表进行检查，形成了定期检查制度。通过认真执行"约法三章"，密切了领导和群众的关系，防止了干部特殊化，在广大职工中反响很好。随着生产建设的迅速发展，人们的物质生活水平得到不断提高，但是，"约法三章"的主要之点并没有过时，艰苦奋斗的创业精神、艰苦朴素的生活作风，仍然需要大力提倡。"永不特殊化""不能做官当老爷""永不说假话"的要求，也很有现实意义。

领导干部"五同"

即领导干部要同职工同吃、同住、同劳动、同解决生产问题、同娱乐。这是大庆在石油会战初期对领导干部提出的要求。当时，生产和生活条件很差，为了战胜困难，会战领导机关要求各级领导干部在实际工作中做到"五同"。各级领导干部同群众同甘共苦，深入基层做好思想政治工作，遇事同群众商量，虚心听取群众意见，进一步密切了干群关系，鼓舞了群众的革命干劲，大大加强了对基层的领导工作，从而保证了会战各项任务的完成，同时也锻炼了广大干部，提高了干部素质。

领导决策中的"六靠"

即一靠中央精神，二靠群众智慧，三靠专家论证，四靠基础工作，五靠现代化手段，六靠班子集体。一靠中央精神。就是根据党的路线、方针、政策和中央领导同志对大庆的批示精神作出决策。比如，1964年贯彻毛泽东主席关于反对骄傲自满、故步自封批示的精神，大找差距，坚持"两分法"前进；1979年贯彻邓小平关于坚持四项基本原则的讲话精神，开展"要社会主义现代化"大讨论等。二靠群众智慧。从会战开始，就实行政治、生产技术、经济"三大民主"，每年召开"五级三结合"会议，讨论研究油田政治、经济、生产技术上的重大问题。发挥人大、政协和群众团体的作用，定期召开党外人士座谈会，商议重大决策。广泛开展群众性合理化建议活动，认真听取群众的意见和建议。三靠专家论证。每年召开一次油田技术座谈会，就开发建设中的重大问题进行座谈讨论。成立了石油专家论证小组、化工专家论证小组、大庆市局咨询委员会和70多个学会，组织各方面专家对大庆石油、石油化工的重大科研课题、科技发展规划、引进技术方案以及社会发展规划等进行科学论证。还邀请了中国科学院及国内各方面专家学者，对大庆的发展建设进行研究论证。四靠基础工作。每打一口井都要取全取准第一性资料，并且建立岩心库、科技资料库、地宫和人才库等基础资料档案，使之成为许多决策的可靠依据。坚持超前研究、超前试验，通过开辟专门试验区，确定油田开发建设的方针、方案。开展调查研究，每年都要进行几次有几万名工人、干部、技术人员参加的油田地下情况大调查，从地上查到地下，从生产查到思想；开展了科技、资源、工业普查和农业区划、工矿区建设、替代产业发展等方面的调查研究。比如，科技进步与社会发展大调查，为制订大庆科技与社会发展长远规划提供了依据。加强信息工作，与全国800多个单位建立了信息往来，还出版了《大庆经济年鉴》《经济和社会发展统计》等20多种资料。

五靠现代化手段。全市建立了科研、管理、物探、物资、化工 5 个计算机中心，运用电子计算机进行开发方案计算、地区开发数据处理、地球物理测井资料处理、生产管理和化工设计，进行计量、统计、物资、人事、定员定额管理。油田生产指挥系统实现了电子计算机人机对话。大庆许多重大决策方案都依靠电子计算机进行数据分析和处理。六靠班子集体。凡涉及有关全局问题的决策，都采取上下结合的办法、集思广益，拿出可行性方案，然后再召开常委会、常委扩大会、全委扩大会，进行充分讨论，正式作出决定。对重大问题，坚持没有深入调查研究不决策，没有专家论证不决策，没有几个可供选择的方案不决策，没有领导班子集体讨论不决策。

例 1：关于大庆油田高产稳产开发方案的确定。通过大量调查研究和科学论证工作，会战指挥部于 1962 年编制出大庆第一个油区的开发方案，确定了早期内部分层注水、保持地层压力采油的原则，和在一个较长时间内实现高稳定高产、争取达到较高的最终采收率的开发方针。后来，随着各个油区的陆续投入开发，经过不断发展完善，从早期内部注水到"六分四清"，又发展到压裂、堵水等一套工艺技术，保证了油田的高产稳产。

例 2：关于大庆发展目标的确立。1976 年，油田党委在群众性大调查、大分析和专家论证的基础上，提出了"高产 5000 万吨、稳产 10 年"的奋斗目标。1985 年这个目标实现后，又落实党的十二大提出的总任务、总目标，提出了"解放思想，深化改革，再找一个大庆油田，在原油 5000 万吨稳产再10 年基础上努力延长稳产期，加快发展石油化工和替代产业的奋斗目标"。1987 年，根据党的十三大确定的经济发展战略和黑龙江省委要求，充分认识大庆优势，增加了在确保主体产业发展的同时，加快发展替代产业，改善物质文化生活，努力为黑龙江振兴作贡献的内容。

例 3：关于"两个文明"一起抓，开展创建"双文明"单位活动问题。党的十二大后，市委总结"两个文明"建设的经验教训，研究"两个文明"

一起抓的问题，调查发现了一些基层单位把生产建设、经营管理、体制改革、政治工作、党的建设和职工生活等各项工作，都纳入"两个文明"建设的轨道，捆在一起抓，形成系统的管理体系的好经验，市委、市政府在采油三厂、钻井二公司等单位进行试点的基础上，作出了开展创建"双文明"单位活动的决定，在全市逐步推开。大庆领导的这一决策，取得了巨大的经济效益和社会效益，并且培育出了大庆精神、铁人精神，为国家作出了贡献。

党政干部"十不准"

大庆企业党委针对改革开放新形势下党风建设面临的新情况，于1988年制订的一项廉政制度。内容是：（1）不准经商、办企业，不准插手重要原材料和紧俏商品的倒卖活动。（2）不准借职权和工作之便对所管单位和服务对象"卡脖子"，不准以回扣、好处费和佣金等名义索要和接受钱物。（3）不准凭借职权和工作之便，接受单位用公款、公物送的礼物，不准接受基层单位的奖金、补贴和"小红包"，下基层不准接受超标准招待。（4）不准借职务升迁、工作调动、婚丧嫁娶之机大吃大喝，收受礼物。（5）不准用公款请客送礼，不准以参观学习为名或借外出开会、工作、疗养、看病之机，用公款旅游。（6）不准违反规定购置禁控商品，办公室和办公用具不得追求高档化，不得用公款超标准装修住宅和配置高档家具。（7）不准违反政策规定安排子女或亲属参军、升学、转干、提职、晋级，领导干部不得指使或暗示组织人事部门提拔任用自己的子女、配偶、亲属。（8）不准凭借工作条件和职权之便私分或变相私分国家财物，不准以试看、试穿、试用为名将公物占为己有。（9）不准违反有关外事规定借机谋取私利，不准在国外、境外淫秽下流场所寻欢作乐。（10）不准利用职权干扰违法违纪案件的查处，不准包庇、袒护违法违纪者，不准对揭发、举报违法违纪行为的人实施打击报复。党政干部"十不准"的制订和实行，为端正党风、政风，保持为政清廉提供了制度保证。

四个公开

大庆石油会战时期，会战工委要求每个领导干部在领导班子内必须做到的四方面，即思想公开，有问题摆到桌面上来，不隐瞒自己的观点，不搞背后议论；缺点公开，严于解剖自己，不护短，不怕丑，积极开展批评和自我批评；工作公开，及时向党委汇报工作，经常互通情况，有事共同商量，加强集体领导；生活公开，严格要求自己，不搞特殊化，不干见不得群众的事。大庆油田各级领导班子，根据这个要求，都制订了革命化的具体措施，并向群众公布，接受群众监督。

培养一个好作风

《石油工业部关于大庆石油会战情况的报告》中指出："工作作风很重要。一个队伍，没有好作风，松松垮垮，马马虎虎，稀稀拉拉，是办不好事的，一个好作风的实质，就是把革命精神和扎扎实实的工作态度具体化，成为人们日常行动的准则。"培养一个好作风，是总结大庆石油会战经验而得出的重要思想之一。会战领导机关针对石油工业地下作业多、隐蔽工程多、间接获取资料多的特点；针对几万人，150多个工种，分散在上千平方千米上，班组作战，单兵顶岗，昼夜施工，四季不断，又要严格协同配合的实际情况；针对队伍里存在的"一粗、二松、三不狠""马虎、凑合、不在乎"的老毛病和坏习惯，在1960年5月第一次政工会议上，就提出要培养革命作风。以后，反复强调，不断培养，在职工队伍中逐渐形成了"三老四严""四个一样"的作风。这种革命作风，是企业领导引导职工群众总结实践经验，把党的三大作风、三大纪律八项注意同会战实际相结合的产物。有了好的作风，就能够弥补领导工作或生产管理制度上的不足；有了好的作风，队伍就会一呼百应，指向哪里，就打到哪里，不管做什么事，都能做好，事事有个样子；有了好的作风，就是一个队、一个班组，甚至一个人单独去执行任务，也能信得过，干出来的事情靠得住，遇到困难，一定能顶得住；有了好的作风，干工作就会扎扎实实，不会搞形式主义，各项制度就能得到切实贯彻执行，各种任务就能很好完成；有了好的作风，人人都不甘落后，争先恐后，你追我赶，不服输，即使队伍里有个别落后的，也能带动起来；有了好的作风，队伍的组织性、纪律性就强，工作上就能过得硬。油田进入全面开发建设时期后，会战工委进一步加强职工队伍的作风建设，组织广大职工以"两分法"为武器，胜利面前找不足，荣誉面前找差距，一分为二看自己；引导广大职工在生产建设和油田管理上坚持高标准、严要求；先后树立了高度觉悟、严细成风的采油三矿四队，思想、作风、技术"三过硬"的32139钻井队，"自觉从严、好字当头"的油建十一中队，"三敢三严"的采油工艺研究所等一批典型。通过一系列思想教育活动，"三老四严""四个一样"的作风在职工队伍中牢固树立。油田进入高产稳产时期以来，企业各级领导继续坚持培养一个好作风的思想，根据队伍中新职工数量不断扩大的实际，狠抓作风建设，使"三老四严""四个一样"的作风，得到继承和发扬。

好作风是领导干部带出来的

大庆企业领导培养队伍作风的一条宝贵经验。石油会战中形成的"三老四严""四个一样"等好作风，不是命令出来的，也不是靠制度订出来的，而是靠领导干部严于律己、以身作则的好作风带出来的。培养队伍的好作风，关键是干部带头。有什么样的干部，就能带出什么样的队伍，培养出什么样的作风。从会战开始，工委就特别强调，要求职工群众做到的，领导干部首先做到；要求职工群众不做的，领导干部带头不做。30年来，党委先后制订了领导干部"约法三章""四个公开""领导干部思想革命化10条措施""党政干部'十不准'"等一系列行为准则和规范，并坚持基层检查机关、民主评议干部等制度，强化干部自身行为的表率作用。身教重于言教。干部的一举一动、一言一行在群众中树立榜样，就能感染群众、教育群众，带动群众树立起好作风来。领导干部严于律己，作出表率，才敢于严格要求职工群众，敢于狠抓队伍中出现的"一粗、二松、三不狠""马虎、凑合、不在乎"的老毛病和坏习惯，带出人人严、事事严、时时严、"严"字当头的作风。

做到六个"统筹"　处理五个"关系"

一、六个"统筹"

一要统筹巡视反馈问题整改。贯彻好、执行好，才能形象好。要把中央巡视反馈问题整改落实工作，作为重塑良好形象的首要任务、紧迫任务、政治任务来抓，认真贯彻集团公司党组和公司党委的部署要求，大力推动落实选人用人问题专项整改方案、公务用车问题专项整改方案、违反财经纪律问题专项整改方案、领导人员及其亲属围绕中国石油平台经商办企业问题专项整改方案，以及核查中央巡视组转办件专项工作方案。各牵头部门、配合部门要通力协作、形成合力，按照分工各负其责、稳扎稳打、抓好落实，确保专项整改工作优质高效推进。各单位党政主要领导要切实把任务扛起来、把责任担起来，统一思想、提高认识，密切配合、积极行动，负总责、亲自抓，从速开展、从紧督导，从严要求、从细落实，从深整改、从实转变，努力营造风清气正的改革发展环境。要善用巡视监督、纪检监察和审计监督"三把剑"，以猛药去疴的决心，以刮骨疗毒的勇气，监督权力运行，查究违规问题，消除管控风险，堵塞管理漏洞，惩治腐败问题，从严正风肃纪，切实提高企业活血化瘀、防腐免疫能力，确保企业肌体健康、长盛不衰。

二要统筹"三严三实"专题教育。修养好、作风好，才能形象好。各级党组织要以抓铁有印、踏石留痕的韧劲、狠劲、实劲，扎实推进专题教育，坚持原则严要求、铁面无私硬落实，旗帜鲜明有立场、立竿见影抓作风，推动党员领导干部作风形象进一步改观。要把握关键动作，聚焦对党忠诚、个人干净、敢于担当，弘扬大庆精神、铁人精神和"三老四严""四个一样"等石油工业优良传统作风，着力解决"不严不实"问题，努力在深化"四风"

整治、巩固和拓展党的群众路线教育实践活动成果上见实效，在守纪律讲规矩、营造良好政治生态上见实效，在真抓实干、推动改革发展稳定上见实效。要强化问题导向，严查细查深查各单位、各系统、各岗位的"不严不实"问题，建立整改台账，实行销号管理，督导党员领导干部边学边查边改，立说立行、立查立改。副处级以上党员领导干部都要列出问题清单，制定整改计划，逐项彻底整改，以优良作风感召员工、凝聚队伍、率众而行。要把"三严三实"作为立身之本、从政之要、成事之道，拧紧螺丝、上紧发条，荡涤官气、傲气、娇气、惰气、暮气，提振志气、朝气、正气、勇气、锐气，在落实"四个全面"的时代大潮中奋发有为。

三要统筹党建思想政治工作。党建好、政治好，才能形象好。要认真学习《关于在深化国有企业改革中坚持党的领导加强党的建设的若干意见》，坚持"政治引领力强、推动发展力强、改革创新力强、凝聚保障力强"的标准，持续加强党组织建设，监督落实党的路线方针政策和公司决策部署，善用马克思主义立场观点方法，分析解决改革发展稳定中的实际问题，有效参与企业"三重一大"事项决策，切实发挥政治核心作用。各级党组织要把抓好党建作为主责、主业和最大政绩，把党要管党、从严治党牢牢抓在手上，全面加强思想建设、组织建设、作风建设、反腐倡廉建设和制度建设，永葆党组织自净自新、正本清源的免疫力。要持续推进"六个一"基层党支部和"四优"共产党员创建活动，❶深入开展为民服务、创先争优活动，强化基层党组织重塑形象、聚力发展的战斗堡垒作用，引导党员以身作则讲党性、树形象，率先垂范促发展、建功业。要从一人一事的思想政治工作做起，坚持解决思想问题与解决实际问题相结合，用党的理论教育人，用企业的发展激励人，

---

❶ "六个一"指"选配一个好书记、建设一个好班子、带出一支好队伍、完善一套好制度、构建一个好机制、创造一流工作业绩"。

"四优"指"政治素质优、岗位技能优、工作业绩优、群众评价优"。

引导全员在思想认识上聚力、在履职尽责上聚力、在重塑形象上聚力。要严格落实党风廉政建设责任制，强化党委主体责任、纪委监督责任，手握戒尺、高悬利剑，以零容忍态度惩治腐败，切实把纪律和规矩挺在前面，努力构建不能腐、不敢腐、不想腐的政治环境。广大党员要增强党员意识和政治担当，坚定理想信念和政治立场，永葆共产党人的政治本色和政治风骨。

四要统筹领导班子和干部队伍建设。班子好、干部好，才能形象好。要对照"政治素质好、经营业绩好、团结协作好、作风形象好"的要求，建立定量定性评价考核体系，持续加强领导班子和领导干部队伍建设。用人之风是各风之首，决定着政治风气、企业风气、干部风气、队伍风气，既是企业形象的一部分，也从本源上决定着企业形象。用一贤人则群贤毕至、人才济济，带动务实风、树立好样板。要以事业为重，胸有全局、知人善任，坚持"闲人免进贤人进"，远离不愿做事、不会做事、不务实事、不干正事之辈，用好德才兼备、敢于担当、爱岗敬业、志同道合之人。要认真贯彻中央《推进领导干部能上能下若干规定(试行)》，匡正选人用人之风，使那些想干事、能干事、干成事的干部确实"上得来"，让那些为官不正、为官不为、为官乱为的干部真正"下得去"，为构建清明清正清廉的政治生态、塑造受人尊重的企业形象，创造先决条件、夯实先天基础。

五要统筹和谐企业建设。员工好、士气好，才能形象好。要大力弘扬社会主义核心价值观和石油工业优良作风，培育和践行"讲责任、强管理、转作风、谋发展、创和谐"的价值导向，深入推进文化强企工作。要巩固壮大主流思想舆论，广泛宣传企业和员工的创业故事、创新故事、创效故事，弘扬主旋律、传播正能量，对内激发团结奋进的强大力量，对外塑造企业拼搏奉献的良好形象。在事关大是大非和政治原则问题上，要增强主动性、掌握主动权、打好主动仗，帮助干部群众划清是非界限、澄清模糊认识。要完善新闻宣传工作管理办法，健全新闻发言人制度，把宣传工作纳入绩效考核体系，推进正面宣传定量化，对产生负面舆情的单位实施责任追究。和谐是企业发展的动力源。要认真贯彻中央《关于加强和改进党的群团工作的意见》，切实加强对群众工作的领导，鼓励工会和共青团围绕企业生产经营管理，广泛开展劳动竞赛、技术创新、合理化建议和青年安全生产示范岗创建等活动，大力弘扬员工的主人翁精神。要普遍推进职代会和厂务公开等形式的企业民主管理，建立公平、公正的人才环境，改善生产生活条件，满足员工不断增长的物质文化需求，做好扶贫帮困送温暖工作，及时排查化解不稳定、不和谐因素，多为员工办实事、解难事、做好事，将企业发展成果惠及广大员工，着力增强员工的归属感和自豪感，为塑造良好企业形象夯实群众基础。

六要统筹企业生产经营管理各项工作。经营好、管理好，才能形象好。苦练内功、固本强基，打造"钢筋铁骨"之身，才是防止形象受损的根本依托，才是树立良好形象的长久之计。要在强身健体上，用真功、出真力、较真劲、求真效。要按照"党政同责、一岗双责"的要求和"管工作必须管安全"的原则，以严细实精神落实安全生产责任制，建立"人防＋物防＋技防"三位一体的本质安全防范体系，推进落实"六级"安全生产检查机制和安全生产"四个关键""四个到位"，❶加大力度整治安全环保隐患，完善安全生产奖罚机制，重拳整治违章行为，持续提升安全生产管理水平。要坚持依法治企、合规经营，凡事遵法、守法、依法、用法，刚性执行企业各项规章制度和流程，坚决摒弃侥幸心理，坚决不触碰法纪和制度的底线，确保企业各项经营经得起历史、实践和公众检验。

二、处理好五个"关系"

一要处理好政治敏感与政治诉求的关系。重塑形象，一方面要强化政治

---

❶　"四个关键"指"抓好关键时间、抓好关键部位、抓好关键作业、抓好关键人员"。"四个到位"指"安全投入到位、安全培训到位、安全基础管理到位、安全应急救援到位"。

敏感性，准确领会党的路线方针政策和系列重要会议精神，正确把握宣传内容和政治方向；另一方面又要严格遵守宣传纪律，不能弄虚作假、左顾言他、冷嘲热讽、含沙射影；既要保证正面宣传的有效性、社会公众的可接受性，又要保证宣传内容不被误解误读，坚决防止节外生枝。

二要处理好苦练内功与外树形象的关系。企业内功不足，良好形象便难以树立。只注重形象而不苦练内功，无异于缘木求鱼、舍本逐末。要不断加强依法合规管理，努力保障生产运行平稳，提升员工素质和业绩水平，提高产品质量和服务标准，从源头遏制多发、频发事故事件。尤其要在政治敏感、社会关注的领域苦练内功，努力树立良好形象。

三要处理好正面形象与负面影响的关系。塑造良好形象既要增加正面宣传的力量和数量，更要努力压减负面事件的发生和影响，决不能一边重塑形象，一边损害形象。对可能产生负面影响的事件，要充分评估舆论风险，及时采取控制措施，将负面影响消灭在萌芽状态；对已经不可避免的负面影响，不能回避、遮掩甚至粉饰，要采取得力措施将不利影响降至最低限度。

四要处理好低调与高调的关系。企业发展需要低调以涵养自身，也需要高调以正其美名。塑造企业形象，既不能过分低调，更不能假大空地高调。要面向媒体、公众、员工、家属、合作伙伴，讲石油人的奉献故事、创业故事，引导各方了解石油、理解石油、支持石油，成为石油文化的传播者和良好口碑的维护者。

五要处理好重塑企业形象与加强政工干部队伍建设的关系。政工干部队伍是党建思想政治工作的骨干和依托，是企业形象建设的重要推动力量。重塑企业形象必须与加强政工干部队伍建设同步抓起，健全政工机构，配好配齐配强专职政工干部。要关心政工干部的成长成才，锻造政工干部的能力素质，畅通政工干部的发展通道，解除政工干部的后顾之忧，引导政工干部安于本职、主动担当，在重塑企业形象工作中，发挥职能作用和政治优势。

链接

三个面向

即面向生产、面向基层、面向群众，是大庆企业机关工作的一个基本指导思想。1960 年大庆石油会战一上手，会战工委便强调，各级领导要"亲临生产第一线指挥生产""机关工作要面向生产"。在 1962 年 5 月 10 日召开的全油田党员干部大会上，针对当时基层建设工作还不够巩固，机关工作还不深入、不细致，缺乏扎扎实实作风的问题，会战工委提出："各级领导干部必须深入生产第一线，扎扎实实领导生产。对基层工作，要实行面对面的领导。各级领导机关应当明确主要的任务是把基层建设好，把基层建设好了，就完成了领导工作的基本任务。"接着，《战报》也发表了题为《大力改进作风是加强基层工作的关键》的社论，提出"领导机关要面向基层，一切工作要从加强基层工作出发，把生产全面管好"。经过不断实践、不断总结，到 1964 年就形成了"面向生产、面向基层、面向群众"的工作指导思想。会战多年来，大庆企业各级机关工作始终坚持这一指导思想。不论是政治工作部门、生产指挥系统，还是计划、财务、劳动、物资供应部门，都积极为方便基层创造条件，为生产服务，为群众排忧解难，千方百计把麻烦揽上来，把方便送下去。机关坚持这一指导思想，对于克服主观主义、官僚主义和命令主义，密切干群关系，调动各方面的积极因素，提高工作和生产效率都具有重要意义。

五到现场

即生产指挥到现场、政治工作到现场、材料供应到现场、科研设计到现场、生活服务到现场。20 世纪 60 年代，大庆企业机关在会战中形成的传统作风。

生产指挥到现场，就是指挥调度人员实行现场调度，计划人员到现场落实计划，进行综合平衡；凡是有两个以上施工单位协同作战的施工地区，就需要组织前线指挥机构，实行面对面的领导。政治工作到现场，就是政治工作部门的干部除有三分之一的人在机关办公，三分之一的人坚持常年蹲点外，还有三分之一的人坚持深入现场了解情况，发现典型，总结经验，并做好现场的宣传鼓动工作。材料供应到现场，就是物资供应部门按照设计和施工的预算，去组织材料供应，实行"大配套""小配套""货郎担"，送料到现场，设备维修人员也"身背三袋"到现场服务。科研设计到现场，就是科研设计工作紧密结合生产实践，有效地解决生产中的问题；由研究设计人员组成工作组，深入生产实践，进行现场调查，组成试验队到现场，边参加生产，边进行试验；研究与生产部门联合组成攻关队，攻克关键技术；进行技术交底，交意义，交目的，交原理，交方法，交技术要求，放手发动群众参加科研设计工作。生活服务到现场，就是后勤和商业等部门组织理发、缝补，保证日用百货到现场，更好地为前线服务。

如何从我做起重塑形象

任何一个企业形象受损，其员工利益都将受到伤害，无人能够幸免。因此，对于开展此次大讨论活动，中国石油提出要坚持领导带头，全员参与，树立"人人都是企业形象大使"的理念，从我做起，承诺践行。

如何从我做起重塑形象？

（1）从我做起，建言践诺。牢固树立"人人都是企业形象大使""我是中国石油新形象"理念，坚持以上率下、全员参与，从我做起、从现在做起、从一言一行做起、从每件事做起，积极投身"重塑中国石油良好形象"大讨论活动中去，建言献策，承诺践行，以实际行动为重塑中国石油良好形象增光添彩。

（2）严于律己，诚实守信。自觉遵守《中国石油天然气集团公司诚信合规手册》《中国石油天然气集团公司员工职业道德规范》等各项规章制度，把诚信合规、依法合规落实到每个工作环节和岗位，廉洁奉公，奋发向上，以诚信合规赢得信任、实现价值。

（3）爱岗敬业，精诚奉献。牢固树立"我为祖国献石油"的责任感、使命感，发扬大庆精神、铁人精神，传承石油光荣传统，坚定信心、振奋精神，敢于吃苦、勇于担当，团结协作、竭诚奉献，在本职工作岗位争创一流业绩，全力推动企业发展、深化改革、生产经营等各项工作任务完成。

（4）提升质量，树立品牌。要紧紧围绕战略发展、市场保供、安全环保、反腐倡廉、队伍建设、依法合规、质量提升、财务管理、客户服务等重点领域，着力打造石油品牌形象，推动企业转型发展，不断扩大石油的美誉度和影响力。

（5）革弊立新，推动发展。坚持问题导向，把发现问题、剖析问题、解决问题贯穿活动始终，深挖管理漏洞，深入剖析原因，完善规章制度，强化工作执行，转变工作作风，加强监督问责，认真解决存量问题，坚决杜绝增量问题，举一反三、整改提升，以革弊立新、推动发展的新业绩体现活动新成效。

重塑形象的主体是企业，评价在公众，重在做好传播。要改变过去"只做不说、多做少说"等思维定势，主动传播企业声音，讲好石油故事。良好的形象是企业重要的无形资产，是企业核心竞争力的重要组成部分，也是增强队伍凝聚力和员工自豪感的重要基础。

如何讲好品牌故事

在市场决定论的背景下，竞争成为企业获取资源的最常规方式，而品牌则日益成为企业竞争的最有力武器。如何培育品牌、塑造品牌、包装品牌、传播品牌、优化品牌，这一系列小问题其实可以归结为一个大问题，那就是企业品牌如何打造。习总书记说，中国对外宣传要"讲好中国故事，传播好中国的声音"。企业的对外宣传也需要讲好企业故事，传播好企业声音。讲好企业故事，就是讲好品牌故事；传播企业声音，就是传播企业文化。品牌故事如何讲？不妨从以下几个方面进行梳理：

对内与员工：品牌故事对内起到向心力的作用，会变成组织的典范，影响员工的行为，最终将行为品牌化。

对外与传播：好的故事能够较好地传播品牌的核心诉求或者品牌声誉，使得人们通过多渠道、多手段传播故事的同时，感受到故事中所植入的品牌价值，并且广为传播。

所谓品牌，就是一个故事。看看下面这些知名品牌都在讲述一个什么故事。

GE：为世界面临的挑战提供创新的解决方法；

IBM：用前瞻性的思维，帮助世界更好地运转；

宝洁：改善全世界消费者的生活，不仅是现在，还有他们的子孙后代；

苹果：用直观、简洁和优雅的设计提升人们的生活；

SAP：为了世界各地的人们，帮助世界！更好的运转以创造持久的繁荣；

它们品牌各异、故事各不相同，但有个共同之处就是，没有在说自己的产品，而是在说："我是谁""我能为'你'带来什么价值"。同时，它们都简洁、清晰，并成为了企业的理念。

要讲一个品牌故事，就要先为自己的品牌创立一个故事，当然是在企业和组织的真实情况下创造出来的。通常，故事的"蓝本"与如下三个问题相关：你在什么样的环境中与别人竞争？你的目标群体是谁？你的组织有什么样的能力？这三个问题重叠在一起，答案就构成了品牌故事的中心内容。这个中心内容一定是简约的、可信的。

总之，品牌故事意味着，企业在自觉或不自觉地、主动或被动地将品牌文化、定位、价值、愿景等品牌内涵故事化，最后以品牌故事推动营销以达到目的。成功的品牌故事就像砸向消费者心窝的重磅炸弹，它越过了理性筑成的森严防线，直捣黄龙来俘虏消费者的心。毕竟，在这个"随便扔一个物件，都能砸到与广告有关的东西"的时代，品牌想要传播，如果不穿上动人故事的外衣，人们就会熟视无睹，把你堵截在记忆之外。

作为央企，因为大多为集团企业，旗下可能有多种业务和产品，业务和产品的故事好讲，但更为关键的是先要讲好集团的品牌故事，此时，不妨从领军人物、企业文化、品牌理念入手，通过这些品牌故事彰显企业形象，凸显企业主张，让品牌传播产生具有生命力的扩散效应，进而源远流长。

🔗 链接

三个故事基本奠定了海尔的品牌，其中"砸冰箱"流传最广。

1985 年，海尔总裁张瑞敏的一位朋友在厂里买一台冰箱，结果挑了很多台都有毛病。朋友走后，张瑞敏把 400 多台冰箱检查了一遍，发现共有 76 台存在缺陷。

当时冰箱的价格是 800 多元，相当于一名职工两年的收入。张瑞敏说："我要是允许把这 76 台冰箱卖了，就等于允许你们明天再生产 760 台这样的冰箱欺瞒消费者。"他亲自抡起大锤子砸下了第一锤！很多职工流着眼泪砸了冰箱。

从此，质量的信念深入海尔人的心目，注重质量也成为消费者对海尔的印象。

如何修复受损后的企业形象

企业形象在危机中会受到不同程度的损害，因此危机结束后企业应着手进行形象修复工作，医治受损的企业形象。根据多年的危机管理咨询经验，企业应开展以下五项工作。

（1）为了转变利益相关者在危机阶段对企业的负面印象，企业通常要进行形象建设工作，比如说推出新产品或者新服务，公布新的市场计划，引进代表新形象的高层人物，目的只有一个，那就是增强利益相关者对企业的信心。应强调一点，新形象一定要与原有的形象一致，否则利益相关者就会产生认知上的冲突，不利于品牌的长期建设。

（2）企业的形象不仅仅要有企业内部的参与，更需要利益相关者的参与，因为形象是存在于利益相关者的心里，企业单方面修复通常是无效的。

企业要评估危机影响和检讨危机管理得失，明确自己还有哪些方面需要改善，如何改进工作才能获得公众的优质评价。企业还要了解利益相关者的想法与需求，只有了解他们的想法才能更加有效改进工作。

因此，形象修复工作更需要利益相关者的参与，只有他们的参与，企业才能更加有效地发展进而获得利益相关者的高度认同。这些活动包括新闻发布会的召开、与消费者的座谈会、企业领导人深入群众、邀请利益相关者参观公司等。

（3）自己说一百句话不如别人替你说一句话。

无论是危机处理还是形象修复都离不开权威的第三方。权威专家相对诚实可信，因此利益相关者总是愿意倾听权威专家的意见和看法。在形象修复过程中，如果能邀请权威专家参与进来，往往更能获得利益相关者的信任，取得事半功倍的效果。

（4）危机过后，企业总想最快恢复生产、运营与管理，这能增强利益相关者的市场信心，无可厚非，但不能忽视企业的社会责任。虽然企业正常运营（带动了就业以及贡献了税收）是对社会的最大贡献，但在恰当的时候回馈社会是必要的，特别是危机过后。企业开展赞助公益活动、资助希望小学、关注老人的生活等都可以提升企业的形象。

（5）对危机事件中受到损害的利益相关者进行适当的赔偿是必须的，但并不是说赔偿以后就一了百了了。企业领导人在适当的时期去看望受害者更能显示出企业的形象，获得受害者、受害者家庭及公众的好感。

企业危机并不可怕，如果拥有应对危机的能力及懂得如何修复受损的形象，那就是重塑企业形象的机会，而不是危险。

附录1
那些传承半个世纪的石油名言

三老四严、四个一样

"三老四严"即对待革命事业，要当老实人，说老实话，办老实事；对待工作，要有严格的要求，严密的组织，严肃的态度，严明的纪律，这是大庆石油职工在会战实践中形成的优良作风。"三老四严"的提法，最早出现于1962年，到1963年形成完整表述。这一好作风来自实践。搞石油工业，地下作业多、隐蔽工程多、间接获取资料多；同时，大会战是几万人，150多个工种，分散在上千平方千米的草原上，班组作战，单兵顶岗，昼夜施工，四季不断，又要协同配合，必须有高度的集中统一和对各方面的严格要求。当时会战队伍来自四面八方，虽然有革命干劲，但也带来了一些旧习惯和坏毛病，不适应大规模的石油会战。因此，会战一开始，大庆会战工委领导就提出培养革命作风，强调严格要求，首先从领导严起。在平时的工作中，事事讲作风，时时讲作风，处处讲作风，人人讲作风。凡是好作风，就大力表扬和提倡，对常见的、大量的、具体的低标准、老毛病，如"一粗、二松、三不狠""马虎、凑合、不在乎"，反复进行批评教育，加以纠正。经过会战时期的培养和实际工作中的磨炼，"三老四严"在几万人的职工队伍中形成了风气。这一作风是大庆人高度主人翁责任感和科学求实精神的具体表现。它增强了队伍的组织性和纪律性，生产中的主动性和科学性，执行制度的自觉性和严肃性，起到了单靠领导工作和生产管理制度不能完全起到的作用。对于这一作风，1978年4月22日，邓小平同志在《全国教育工作会议上的讲话》中指出：“要极大地提高科学文化水平，没有‘三老四严’的作风，没有从难从严的要求，没有严格训练，也不能达到目的”。

"四个一样"即对待革命工作要做到：黑天和白天一个样；坏天气和好天气一个样；领导不在场和领导在场一个样；没有人检查和有人检查一个样。这是大庆石油职工在会战实践中形成的优良作风。"四个一样"是大庆职工把党的优良作风和解放军的"三大纪律八项注意"同油田会战具体实践结合起来的产物。1962 年 3 月，大庆油田建立和推行岗位责任制后，会战工委结合生产实际，开展树立岗位责任心的思想教育，增强了广大职工的主人翁责任心和执行制度的自觉性，涌现出以李天照井组为代表的一大批先进单位和个人。李天照井组负责的是一口 1961 年 7 月投产、地处油田边缘的油井。自投产以来，未发生过一次事故；井场设备 863 个焊口和 170 多个阀门，没有一个漏油漏气；使用的大小工具无一损坏丢失；记录的上万个产量和压力等数据，经反复检查无一差错；油井长期安全生产，月月超额完成原油生产任务。其基本经验是能自觉从严，做到了"四个一样"。大庆会战工委大力总结推广他们的先进经验，使"四个一样"逐步成为大庆职工队伍的优良作风。这一优良作风建立在广大职工的主人翁思想基础之上，其实质是一种高度的自律精神。职工队伍有了这种好作风，各项制度就能扎实贯彻，各项工作就能扎实开展，一个小队、一个班组、一个人即使单独执行任务，也能信得过，干出来的事情也能过得硬。

抓基层，打基础，强"三基"

"抓基层，打基础"，指抓好基层建设，做好基础工作。大庆会战工委认识到，要办好石油企业，必须把根基打得扎扎实实、牢牢靠靠。企业的"根基"就是指钻井队、采油队、施工队、车间等基层单位，这些单位不仅是执行、落实党的方针、政策，完成生产计划的基本单位，而且是群众生产、生活的基本单位。只有企业的根基牢靠，生产建设才能稳步上升，生产秩序才能井井有条，党的方针政策才能落实到实处，整个企业的革命化和生产力的提高才有可靠的保证。会战开始初期，油田党委就强调一切工作都要立足基层，面向基层，服务基层，努力做到政治上帮助基层，组织上充实基层，工作上方便基层，技术上装备基层，生活上关心基层，把抓基层、打基础、建队伍作为自己的着眼点。1960年开展了学习"王、马、段、薛、朱"和红旗单位活动；1961年开展了以"政治工作好、生活管理好"为目标的五好单位和红旗手活动；1962年提出了"加强基层工作，开展五好红旗队活动，大力改进作风，全面管好生产"的工作方针；1963年全面检查了会战以来基层建设工作情况，总结了加强基层建设、健全经常性政治工作的基本经验12条；1964年强调了以基层建设、基础工作和基本功训练为内容的"三基"工作；1965年又进一步提出以加强班组建设为重点，使基层工作全面发展、全面提高的要求。在这期间，涌现出了钢铁1205、1202钻井队，硬骨头32139钻井队，严细成风的三矿四队，自觉从严的油建十一中队，三敢三严的采油工艺研究所、炼油厂铂重整车间，5把铁锹闹革命的创业庄家属一队等为代表的基层建设、基础工作过硬的基层单位。基层的战斗力全面加强，队伍精神面貌发生深刻变化，保证了高速度、高水平拿下大油田。多年来，各级领导干部始终在抓基层、打基础上下工夫。领导机关坚持"三个面向""五到现场"，机关工作实行"三三制"。机关干部深入基层，抓典型，树样板，并把基层工作的难点，作为机关干部抓基层的重点，从抓薄弱环节入手，突出解决基层领导班子和队伍作风、纪律上存在的问题。党的十二大以来，企业普遍开展创建"双文明"单位活动，把生产建设、科学管理、企业改革、队伍建设、党的建设和职工生活等项工作，都纳入基层"双文明"建设的轨道，统一表彰，使"两个文明"建设的任务在基层得到较好的落实。

强"三基"，指加强以党支部建设为核心的基层建设，加强以岗位责任制为中心的基础工作，加强以岗位练兵为主要内容的基本功训练。会战工委通过总结会战初期加强基层建设的基本经验后，于1964年提出的基层工作全面发展、全面提高的方针。加强基层建设，核心是加强党支部建设。大庆石油会战以来，始终坚持"支部建在连上"，在钻井队、采油队、基建队以及管理站设立党支部。党支部最根本的任务是发挥党员的先锋模范作用，教育广大职工，坚决完成生产建设任务，保证党的路线、方针、政策的贯彻落实，成为本单位的战斗堡垒。党支部必须健全民主生活，发扬党内民主，发挥集体领导作用。领导班子强调分工，各有专责，明确规定：队长指挥生产，负责生产管理上的全部责任；指导员负责思想政治工作；技术员是基层领导成员之一，负责生产技术。不管是谁，既要对生产、技术负责，又要对思想政治工作负责。在配备基层干部时，注意选那些思想好、干劲大，既是劳动模范，又是生产能手，并懂管理、能想尽办法完成生产任务的同志担任队长；选那些党性强、作风正，能联系群众，并熟悉生产，能支持队长工作的同志担任指导员；选取那些有一定理论基础知识，又经过生产劳动锻炼的大、中专或技校毕业生担任技术员。同时，选好班组长，充分发挥班组长、党小组长、团小组长、工会小组长"四长"的作用。加强基础工作，中心是建立健全严格的岗位责任制度。会战初期总结生产实践而建立的岗位责任制就是企业生产管理中的一项根本制度。它把日常管理上的千万件事同千万个岗位工人的积极性、责任心联系起来，做到人人有专责，事事有人管。党的十一届三中全会后，企业学习现代管理经验，在过去岗位责任制的基础上，全面实行岗位经济责任制，把企业的经济效益、个人的经济利益与执行责任制联系起来，增强职工执行制度的自觉性。加强基本功训练，主要是坚持岗位练兵。干什么、学什么，缺什么、补什么。经常组织技术"赛巧"和开展技术能手竞赛活动，促进职工技术素质不断提高。党的十一届三中全会后，为适应现代化建设的要求，在坚持岗位练兵的同时，又采取脱产轮训、外出进修、委托招生等方法，多层次、多渠道、多形式地对职工进行以岗位培训为主的全员培训，有效地提高了企业职工的群体素质和岗位工作能力，增强企业的活力，提高经济效益。

只有荒凉的沙漠，没有荒凉的人生

深入号称"死亡之海"的塔克拉玛干沙漠进行油气勘探开发，是几代石油人的梦想。为贯彻党中央、国务院"稳定东部，发展西部"的战略部署，1989年4月，塔里木石油勘探开发指挥部成立，在塔里木盆地展开了一场新型石油会战。1990年2月，在轮南探区召开的交答卷动员大会上，承钻轮南9井的中原7012钻井队平台经理范智海在表态发言中慷慨激昂地说道："这里只有荒漠的戈壁大漠，但这里没有荒漠的人生。我们要在这场难得的会战机遇中体现每一个人的价值，不仅向党、向国务院交出一份满意的地质勘探答卷，同时也交出一份合格的壮丽的人生答卷。"由此，"只有荒凉的沙漠，没有荒凉的人生"成为塔里木石油人"一心寻找大场面，定叫沙海变油海"的崇高信仰与人生追求。1990年8月，江泽民同志在塔里木视察时提到，一代代石油人将青春献给塔里木，就是为了找到"大金娃娃"，为祖国奉献丰富的油气资源。

地表荒凉的塔里木盆地，地下却蕴藏着丰富的油气宝藏，艰苦的自然环境塑造了塔里木人胡杨般坚忍的性格，复杂的地质条件激发了广大员工不断求索、攻坚克难的斗志，将理论与实践相结合，将个人理想与油田发展相结合，坚信在远离繁华的戈壁大漠也一样能够大有作为，成为塔里木人的真实写照。在"只有荒凉的沙漠，没有荒凉的人生"的文化感召下，甲乙方广大员工凝心聚力，奋发有为，将塔里木油田建设成为我国重要油气生产基地，为保障国家能源安全，实现新疆跨越式发展和长治久安做出了重要贡献。昔日的"死亡之海"如今在塔里木油田的开发建设中变成了"希望之海"，优良传统薪火相传，新一代石油人必将在这里续写建设一流大油气田的壮美华章。

缺氧不缺精神，艰苦不怕吃苦

青海油田海拔高，自然环境恶劣，地质构造复杂，难采储量占油田已探明储量的35%。多年来，青海石油人在艰苦环境中，高唱"我为祖国献石油"的主旋律，怀着闻油则喜、闻油而动、闻油敢上的石油情结，忍受着常人难以忍受的痛苦，克服着常人难以克服的困难，不叫苦，不叫累，不计名利、不讲条件，默默奉献，立足本职工作，随时听从组织召唤，圆满地完成生产经营任务。"缺氧不缺精神，艰苦不怕吃苦"浓缩概括了青海石油人良好的精神风貌，让几代青海石油人在海拔3000多米的戈壁高原立起了一座座井架、架起了一排排抽油机、铺设了一条条油气管道，在新中国石油工业史上写下了浓墨重彩的一笔，而今又昂首阔步迈向千万吨级高原油气田。"缺氧不缺精神，艰苦不怕吃苦"是对以"顾全大局、艰苦奋斗、为油而战"为精髓的柴达木石油精神的最好诠释，它与大庆精神、铁人精神一脉相承，激励油田广大职工为全面实现"油田梦"具有重要意义。

垮的是困难，不垮的永远是石油人的意志

石油人的意志，是攻坚克难的武器。长庆绥靖油田2001年投入开发，在地质条件复杂、自然条件恶劣和外部环境艰难等情况下，仅用三年零三个月时间，就实现了百万吨跨越，成为长庆实现此目标最快的采油厂。绥靖油田"硬骨头"团队名言就是"垮的是困难，不垮的永远是石油人的意志"，这条名言萌生于绥靖油田创业年代。环境苦，坚决不服输；条件差，拼命向前冲。这句格言体现了长庆人夹缝中求生存、艰难中谋发展的精神信念，是解放军"铁的纪律、钢的意志"精神的继承；是"爱国、创业、求实、奉献"大庆精神的传承；是长庆油田艰苦创业、快速跨越和持续发展历程的缩影和写照。

常把黄昏当早晨，誓用青春换石油

这条格言很好地诠释了青海油田一线员工的精神面貌。青海石油人长期奋战在"天上无飞鸟、地上不长草、氧气吃不饱"的柴达木盆地，几十年如一日，立志高原，不畏环境艰苦，自力更生，艰苦创业，敢于面对难点问题，迎难而上，千方百计为祖国找石油，多找油。"常把黄昏当早晨，誓用青春换石油"是一句豪迈的人生誓言，也是青海石油人的真实写照，更是中国石油企业精神"爱国、创业、求实、奉献"的具体体现，它体现了石油人坚忍不拔，埋头苦干的工作状态。

为祖国加"油"，为民族争"气"

大庆石油会战时期，在铁人王进喜"宁肯少活20年，拼命也要拿下大油田"的铮铮誓言中，大庆油田开始了轰轰烈烈的建设，承担起为祖国"加油"、为民族"争气"的重任，完成了一系列艰巨的任务，逐渐建设成了中国最大的石油基地。自1960年投入开发建设以来，大庆油田已经累计生产原油21亿多吨，创造了世界油田开发史上的奇迹。特别是继原油5000万吨稳产27年后，大庆油田又连续11年实现原油4000万吨以上持续稳产，为国民经济和社会发展做出了贡献。当前，面对国民经济发展对油气需求持续增长，大庆油田承担起保障国家能源战略安全的重任，全面落实科学发展观，坚持发展是第一要务，积极转变经济增长方式，走内涵、节约、效益型发展道路，进一步加强勘探开发主营业务，巩固资源基础；着力自主创新，加速科技进步；不断完善体制建设，提高科学管理水平；进一步抓好安全环保工作，把强化安全意识放在重中之重；做好和谐稳定工作，关心职工群众切身利益，使改革发展成果惠及职工群众，惠及方方面面，全力推进原油硬稳定、天然气快发展，全面履行企业的政治、经济、社会责任，建设和谐企业，继续为祖国加油，为民族争气。

做诚信员工，建精品工程

2001 年，中国石油工程建设公司第一建设公司（以下简称"一建"）向劳动模范、文明集体和文明员工发出"做诚信员工，建精品工程"的倡议，得到广大员工的积极响应。自此，一建连续十余年开展"做诚信员工，建精品工程"主题教育活动，"诚信之光"在全国21个省、市、自治区的50多个项目点亮。为确保主题教育活动方向和效果，一建认真拟定"诚信"教育活动安排意见，每年确定一个主题，每年开展一次大型活动。一建党委组织全体员工认真学习《公民道德建设实施纲要》，通过宣传教育、施工现场"诚信"宣誓和签名等活动，让"做诚信员工，建精品工程"理念逐步深入人心。广大员工认识到诚信是经济社会的"身份证"和市场经济的"通行证"，"信用就是生命、精品就是市场"，高效、优质地完成了独山子石化100万吨/年乙烯、辽阳石化80万吨/年PTA、广西石化1000万吨/年常减压蒸馏装置等一大批国内外石油化工工程建设任务。"做诚信员工，建精品工程"作为石油名言，体现时代要求，具有石油特色，员工广泛认同，对国内外石油化工项目建设起到了强大的激励作用。

我的岗位我负责，我在岗位您放心

2007 年，辽河油田以"我的岗位我负责，我在岗位您放心"群众性大讨论为载体，开展践行大庆精神铁人精神，全员全方位的思想教育活动。通过一年多的大讨论活动，干部职工进一步增强了艰苦奋斗、成就卓越的创业意识，立足岗位、奉献企业的责任意识，促进了各项工作圆满完成。2008 年油田重组整合后，辽河油田新一届党委提出思想统一、认识统一、行动统一要求，以增强责任心、提升执行力为重点，将"我的岗位我负责，我在岗位您放心"

作为责任理念进行大力宣贯。强调党员干部要履职责用心用情用力，做贡献敬业创业兴业，树立发展、创新、责任、奉献、服务五种意识。

"我的岗位我负责"，强调的是作为一名企业员工，不论是决策者、管理者还是岗位操作者，都要敬业在岗位、奋斗在岗位、奉献在岗位，"在岗一分钟，尽责六十秒"，以强烈的主人翁责任感，认真履行岗位职责，严格遵守岗位规范，落实管理制度，执行操作流程，与同事互相帮助、密切协作，科学高效、准确到位、安全优质地完成好本职工作，立足岗位创造一流的业绩；"我在岗位您放心"，强调的是企业每名员工要始终如一履行"我为祖国献石油"的光荣使命，恪尽职守、忠于责任，以新时期石油人的责任感和使命感，顾全大局、勇于担当。不管承担什么任务、开展什么工作、负责什么事项，都要做到独当一面、合格称职，保质保量地熟练完成工作，让上级放心、让同事放心、让亲人放心。

自觉从严、好字当头

这是大庆油田油建十一中队的文化理念。该队 1954 年在玉门油矿组建，1960 年参加大庆石油会战，是一支从事油田地面产能、化工建设的综合性施工队伍，具备承建大型联合站、转油站及系统配套工程、管道安装工程、老站改扩建、各类大型立式储罐及容器安装的综合施工能力。建队初期，油建十一中队被玉门市委授予"更高标杆立祁连"荣誉称号，并颁发由朱德同志亲笔题词的锦旗。会战时期，该队以"自觉从严，为革命干保险活"闻名油田内外，1965 年，被石油工业部命名为"自觉从严、好字当头"的标杆队。该队始终坚持用企业精神建队铸魂，培育了以"宁要一个过得硬，不要九十九个过得去""五毫米见精神"等为主要内容的"自觉从严、好字当头"的行为文化。他们坚持传思想，人人自觉从严；带作风，个个好字当头；练技术，项项工作高起点。在新的形势下，这个中队不断赋予"自觉从严、好字当头"优良作风以新的内涵，丰富和发展企业文化，提出了"建设精品工程，塑造精彩人生"的行为理念，做到"干一项工程，铸一座丰碑；拓一块市场，赢一方信誉"。几年来，先后参加了新疆轮南油田、引英入连输水管线、陕京管线和西气东输管线施工，足迹遍布12个省，无论走到哪里，都把"自觉从严、好字当头"的优良作风带到哪里，使大庆精神的旗帜高高飘扬。

钻透祁连山，玉门关上立标杆

玉门油田地处甘肃省河西走廊西端，南依祁连山，海拔最高处为4587米，西面有著名的古代遗址玉门关，四周多为戈壁荒漠，条件非常艰苦。1958年8月，玉门油田提出"钻透祁连山，玉门关上立标杆"的响亮口号。从此，这一豪言壮语，就成为以王进喜为代表的玉门石油人，艰苦创业、为油拼搏的精神动力。王进喜钻井队在白杨河油田勘探开发会战中，打出了月进尺5009米的世界纪录，率先把"标杆"高高地立在玉门关上，在油田传为佳话，成为广大职工学习的榜样。几十年来，"钻透祁连山，玉门关上立标杆"被不断赋予新的内涵，激励着一代代玉门石油人艰苦奋斗、勇于拼搏。它已成为玉门石油人不怕困难、奋勇争先的工作理念，不断激发着广大员工勇创第一、争创一流的信心和勇气；它已融入到"石油摇篮"文化的核心内容之中，渗透到"我为祖国献石油"的价值观中，成为广大员工传承弘扬玉门精神的自觉意识；它以极大的感召力和深远的影响力，鼓舞广大员工在平凡的工作岗位上，兢兢业业、扎实工作，为企业发展无私奉献。

磨刀石上闹革命，低渗透中铸丰碑

"磨刀石"是对长庆油田开发的致密油气层的形象描述，长庆开采的主力油气藏渗透率小于1个毫达西，是世界公认的"低渗、低压、低丰度"致密油气藏，开发过程被称为"磨刀石上闹革命"。面对"三低"难题，长庆人大胆解放思想，辩证认识磨刀石，形成了"低渗透上也能建设大油气田"的广泛共识，确立了低成本、高效益、内涵式新型发展道路，探索出了一整套适用的工艺技术和独具特色的油气田开发模式。先后成功开发了三十多个低渗、特低渗、超低渗油气田，2003年油气当量突破1000万吨，2013年突破5000万吨，高水平高质量建成"西部大庆"，在中国西部竖起了低渗透开发的石油丰碑。

安全是个圆，只有起点，没有终点，更不能有断点

2011年，内蒙古通辽销售公司科左中旗经营部新的领导班子上任后，面对加油站严峻的安全形势，紧紧围绕主营业务，班子成员逢会讲安全，要求机关管理人员进站必查安全，有力地诠释了"安全是个圆，只有起点，没有终点，更不能有断点"的理念，使广大干部员工从思想上重视安全，从行动上保障安全。同时进一步强化加油站管理，细化安全措施，从前庭、消防设施、储油区、电气设备、锅炉房、厨房、营业室七个重点部位入手，研究制作了"一张模板保安全"的加油站综合日巡检流程图版，以人为本，用程序巡检关键点，用制度管理加油站安全。如今，加油站综合日巡检已经常态化，且每一名员工都熟知综合日巡检流程。每座加油站都能做到事事追求细节，执行综合日巡检不打折扣，实践证明，用程序、制度来管理加油站安全是实现加油站本质安全的关键所在。

山塌路断油不断，保供责任大于天

2008年5月12日，四川汶川发生8.0级特大地震。强震袭来，山河破碎，惨烈空前。抗震救灾急需用油，在集团公司的统筹安排下，管输、铁路、公路、水路齐头并进，火速集结，打响了一场艰苦卓绝的抗震救灾油品供应大会战。四川销售作为全川成品油供应主渠道，在自身遭受重创的情况下，与时间赛

跑，与生命赛跑，第一时间启动预案，第一时间部署救灾，一手抓保障供应，一手抓抢险自救，挺进汶川、突击青川、坚守北川，为灾区送去了"救命油"。在生与死的抉择中，在血与泪的交融中，四川销售人铸就了为祖国加油，为生命加油，为希望加油的爱国精神；舍小家为大家，以库站为家的奉献精神；技能过硬、临危不惧，忠诚石油的敬业精神；一方有难，八方支援，万众一心的协作精神。为传递正能量，凝聚精气神，四川销售公司将这种精神进行了提炼概括，浓缩为"山塌路断油不断、保供责任大于天"，并命名为四川销售抗震救灾精神。正是在这种精神的激励和感召下，四川销售人砥砺奋进，战胜了特大地震灾难，重建了幸福美好家园，被中共中央、国务院、中央军委联合授予"全国抗震救灾英雄集体"崇高荣誉。

身在大庆学大庆，铁人身边做铁人

大庆精神铁人精神永远是鼓舞百万石油员工奋勇前进的不竭动力和强大精神支柱。大庆炼化公司大部分青年员工是油田子女，但是由于时间久远，以及市场经济在一定程度上对人生观、价值观产生的影响，造成了青年员工对大庆精神铁人精神缺乏理性认识和感性认识的统一。为了更好地传承和弘扬大庆精神铁人精神，大庆炼化公司在 2007 年审时度势地提出"身在大庆学大庆、铁人身边做铁人"的"学做"理念。大庆精神铁人精神发源地在大庆，大庆炼化公司地理位置在大庆，作为蓬勃发展中的新兴炼化企业，大庆精神铁人精神哺育一代代炼化员工茁壮成长。学习大庆石油会战优良传统，传承和弘扬大庆精神铁人精神，作铁人式的炼化人，是大庆炼化企业文化之魂，是一代代大庆炼化人不懈追求的永恒实践。大庆炼化公司把开展"身在大庆学大庆、铁人身边做铁人"主题活动作为践行"学做"理念的重要载体，与安全、生产、环保、基层建设、作风建设等重点工作紧密结合，促进生产经营工作顺利推进。通过践行"学做"理念，持之以恒地弘扬大庆精神铁人精神，使广大员工的精神世界得到一次洗礼，有效地调整员工精神信仰和价值追求的坐标，服从大局、为企分忧的价值观得到广泛认同，为推进"四大基地"建设、打造特色炼化企业建功立业的激情充分涌流，有效提升了队伍的凝聚力、战斗力、企业的核心竞争力。

附录2
部分优秀共产党员事迹简要介绍

焦裕禄

焦裕禄同志始终保持艰苦朴素的作风，他长期有病，家里人口又多，生活比较困难，可是他坚决拒绝给他救济。他说："兰考是个重灾县，人民的生产、生活都很困难，我们应该首先想到他们。要把这些钱用到改变兰考面貌的伟大事业上去，用到改善兰考人民的生活上去"。焦裕禄还经常教育子女做脏活，到最困难的地方去，穿衣要朴素，生活要节俭。有一次，焦裕禄同志发现大儿子去看戏，问道："戏票哪来的？"孩子说：收票叔叔向我要票，我说没有。叔叔问我是谁？我说焦书记是我爸爸，收票叔叔没有收票就让我进去了"。焦裕禄听了非常生气，当即把一家人叫来"训"了一顿，命令孩子立即把票钱如数送给戏院。后来，他又专门起草了一个《干部十不准》的文件，规定任何干部不准特殊化。

孔繁森

1979 年，国家要从内地抽调一批干部到西藏工作，时任地委宣传部副部长的孔繁森主动报名，请人写了"是七尺男儿生能舍己，作千秋鬼雄死不还乡"的条幅。刚到西藏，他又写下"青山处处埋忠骨，一腔热血洒高原"，以此铭志。

进藏以后，原定孔繁森担任日喀则地委宣传部副部长。当地党委考虑到他年轻能干，征求本人的意见后，派他到海拔更高的岗巴县任县委副书记。在岗巴工作的 3 年间，他跑遍了全县的乡村、牧区，访贫问苦，和当地群众一起收割、打场，干农活、修水利。1988 年，孔繁森在母亲年迈、3 个孩子尚未成年、妻子体弱多病的情况下，克服困难，再次带队进藏，任拉萨市副市长，分管文教、卫生和民政工作。为了发展当地教育事业，他跑遍了全市 8 个区县所有公办学校和一半以上的乡、村办小学，拉萨的适龄儿童入学率从 45% 提高到 80%。全市 56 个敬老院和养老院，他走访过 48 个，给孤寡老人送去了党和政府的温暖。因西藏偏远地区医疗卫生条件较差，他每次下乡时都特地带一个医疗箱，买上数百元的常用药，送给农牧民。

牛玉儒

在呼和浩特市工作期间，牛玉儒同志团结带领市委，充分调动人大、政府、政协领导班子和广大干部群众的积极性、创造性，在过去工作的基础上，解放思想，抓住机遇，自我加压，奋力赶超，再创发展新优势，实现发展新跨越，取得显著成效。

2003 年，夺取了抗击"非典"和经济建设的双胜利，生产总值增速跃居全区和全国 27 个省会 (首府) 前列，提前实现了"十五"规划奋斗目标。城市建设力度进一步加大，市容市貌明显改观。成功承办两个文明建设经验交流会，推动了经济社会的协调发展。

2004 年上半年，全市经济社会继续快速协调发展，优势产业集群进一步做大，城市建设步伐进一步加快，人民生活水平进一步提高，正在朝着实现"到 2007 年全市经济总量、财政收入和城乡居民收入在 2003 年的基础上翻一番，综合经济实力和人均收入水平位居全国 5 个少数民族自治区首府城市第一"的目标迈进。

牛玉儒同志在住院治疗期间，仍心系事业，忘我工作，忍受着病痛的折磨，全身心地关注和牵挂着呼市的经济社会发展。住院治疗期间，他几乎每天都通过电话询问、指导和督促重点工程的进展情况，还带病两次考察城市建设和开发区的工作。去世前不到一个月，仍以顽强的毅力，主持召开市委九届六次全委会议，作了激情澎湃、鼓舞人心、催人奋进的工作报告，进一步描绘了呼市经济社会发展的宏伟蓝图。

杨善洲

杨善洲曾担任云南省保山地委领导，两袖清风，清廉履职，忘我工作，一心为民。退休后，只为了兑现当初"为当地群众做一点实事，不要任何报酬"的承诺，他主动放弃进省城安享晚年的机会，扎根大亮山，义务植树造林，一干就是22年，建成面积5.6万亩、价值3亿元的林场。后来，他把林场无偿捐给了国家。

郭明义

1977年1月参军，1980年6月在部队加入中国共产党，曾被部队评为"学雷锋标兵"。1982年1月，复员到鞍钢集团矿业公司齐大山铁矿工作。

入党以来，郭明义时时处处发挥先锋模范作用，在每个工作岗位上都取得了突出的业绩。从1996年开始担任采场公路管理员以来，他每天都提前2个小时上班，15年中，累计献工15000多小时，相当于多干了五年的工作量。工友们称他是"活雷锋"，矿业公司领导则称因郭明义使整个"矿山人"的精神得到了升华。他20年献血6万毫升，是自身血量的10倍多。1994年以来，他为希望工程、身边工友和灾区群众捐款12万元，先后资助了180多名特困生，而自己的家中却几乎一贫如洗。一家3口人至今还住在鞍山市千山区齐大山镇，一个20世纪80年代中期所建的、不到40平方米的房间里。

任长霞

任长霞自 1983 年加入公安队伍，作预审工作 13 年，协助破获了大案要案 1072 起，追捕犯罪嫌疑人 950 人。

1998 年被任命为郑州市公安局技侦支队长后，她多次深入虎穴，先后打掉了 7 个涉黑团伙，抓获犯罪嫌疑人 370 多名，被誉为"女神警"。

2001 年，她调任登封市公安局局长，解决了十多年来的控申积案，共查结控申案件 230 多起。她带领全局民警共破获各种刑事案件 2870 多起，抓获犯罪嫌疑人 3200 余人。

2004 年 4 月 14 日晚 8 时 40 分，在侦破"1·30"案件中途经郑少高速公路时，任长霞出了车祸，因伤势过重，不幸因公殉职。2004 年 6 月，被公安部追授为全国公安系统一级英雄模范称号。

任长霞参加公安工作以来，曾荣立个人一、二等功各 1 次，三等功 4 次，荣获全国"五一"劳动奖章"全国青年岗位能手""中国十大女杰""全国三八红旗手""全国优秀人民警察""河南省优秀人民警察"等称号 40 余次。

她把群众当作自己的兄弟姐妹来对待，第一次接访就接待了 124 批群众，一直到晚上 11 点多。她一直和群众心连心，在接近群众、倾听群众呼声的同时，也收集到了很多破案的线索。

作为一名女公安局长，任长霞集刑警的威严和女性的温柔于一身，尤其对被人们视为弱势群体的妇女、儿童，她更是事必躬亲、关怀备至。为最大限度地保护妇女儿童的合法权益，她先后组织开通了"110"反家庭暴力服务台、设立了妇女维权示范中队、成立了多警种联动、相互协作、共同作战，全方位、多层次、多渠道的快速反应机制。一年多来共接警 470 多起，处理刑事案件 175 起，逮捕 96 人。

沈浩

2004 年 2 月，作为优秀年轻党员干部，沈浩积极响应安徽省委号召，作为全省第二批选派到农村任职干部来到凤阳县小岗村，任小溪河镇党委副书记，小岗村党委第一书记、村委会主任等职务。

沈浩到小岗村工作以来，先后为村里修了公路、为散居的二十六户村民集中盖了住宅楼，并在村里成立了大包干纪念馆。依托已建成的 80 亩葡萄示范园，通过党员的带头示范作用，培育壮大葡萄特色产业，办起葡萄文化旅游节。沈浩处处为村里谋规划、办实事，大年三十还泡在村里，几年来一直租住在村民家中。办工业、兴商贸、科学种田，以市场经济的头脑发展种植、养殖和高效农业，农家乐生态游促进小岗村振兴发展。

2006 年，小岗村跻身 2005 年度"全国十大名村"，沈浩从安徽科技学院首批引进 3 名大学生到小岗村创业，发展双孢菇生产，先后成立蘑菇、葡萄等产销合作社，不仅给村民们带去先进理念，推广种养技术，也解决了销售难题。

同年，沈浩在村民大会上提出了酝酿已久的发展思路：把土地集中起来，以"安徽省凤阳县小岗村发展合作社"为龙头，整合资源搞适度规模经营。全村 1800 亩耕地，扣除前些年办的 400 亩葡萄园，村民以土地持股的形式成立合作社。

郑培民

郑培民，原湖南省委副书记、湖南省人大常委会副主任。2002 年 3 月，因突发心脏病在京逝世，年仅五十九岁。以三件遗物和一句遗言让无数人为之感动。这三件遗物是一个防腐账本、一本廉政纪录和几十本日记。他最后的遗言是一句普普通通的话语——不要闯红灯。有人说，这平平常常的五个字，正是郑培民一生官风人格最好的总结和诠释。他从来不搞特殊化，从来不做违规事，两袖清风做了几十年官，光明磊落做了一辈子人。

为官数十载，他从未用权力谋过半点私利，为官数十载，他没有一件放不到桌面上的东西。在湘西的大山深处，流传着一首这样的苗歌，唱的是当年郑培民带领群众修路致富的故事。郑培民曾在湘西土家族苗族自治州担任州委书记，他爬过湘西最难爬的山，走过湘西最难走的路，去过湘西最穷的村子，住过湘西最穷的人家。湘西是湖南最穷的地区之一，为了尽快解决群众的温饱问题，郑培民在这进而大力推广粮食新品种新技术并且经常亲自下田示范。有一次连日劳作之后，郑培民体力不支，摔下了三米多高的田埂。这一年，郑培民添了一项病症，脑震荡。但也就是这一年，湘西粮食产量翻了一番，实现了自给有余。

在湖南常德地区，人们记忆中的郑培民，不是一个高高在上的省委领导，而是一个和他们一起找沙袋、堵缺口的抗洪战友。1998年夏天，长江流域洪水泛滥，常德安乡县堤垸溃决，灾情严峻，时任省委副书记的郑培民在这里和受灾群众并肩抗洪，度过了八十多个艰苦卓绝的日日夜夜。

郑培民在湖南先后担任过湘潭市委书记、湘西土家族苗族自治州州委书记和省委副书记，无论在哪里做什么书记，有两个雅号始终跟随着他，一个是"三不"书记——说他不唱高调，不做表面文章，不搞政绩工程；一个是"三民"书记——说他爱民、亲民、一心为民。

附录 3
企业声誉与企业竞争力

按照公司战略比较优势理论的说法，公司培育出了无形的、不可模仿的资产，就能获得持久的竞争优势。企业对声誉的占有和支配可以帮助企业在日益激烈的市场中获得竞争优势。企业声誉的无形和其难以测量与复制的特性，本身就创造了一种竞争优势。这就是积累声誉资本的全部意义。良好的企业声誉有助于企业在产品服务市场和观念市场中获得相对于竞争对手的可持续的竞争优势。"声誉创造财富"的理念，就是一个充裕的声誉资本储备能使组织拥有独特的优势。良好的声誉是企业所拥有的独特资源，它能在企业经营的各个方面提升企业的竞争力。自从20世纪80年代以来，高级管理者也已经认识到建立和维护一种良好的企业声誉来创造企业竞争性优势的必要性。今后，在竞争日益剧烈的全球化经济环境中，获取竞争优势方法的发展可能会越来越依赖于企业声誉这种特殊的、首要的无形资产的发展。具体而言，公司声誉可以给企业带来以下几方面的竞争优势。

（1）良好的企业声誉有助于企业吸引人才和培养员工忠诚。

良好的企业声誉有助于企业吸引人才和培养员工的忠诚，从而在竞争中获胜。具有良好声誉的企业所提供的职位会因为其声誉而吸引更多的求职者，尤其是更多拔尖的求职者，而且具有良好声誉的企业的员工往往具有更高的忠诚度和生产效率。一种良好的声誉还可以给予企业一种成本优势，因为，如无例外的话，员工更乐意为高声望的企业工作并且会更努力地工作或者愿意只获得较低的报酬。无论报酬的高低，良好的企业声誉会从尖端大学吸引优秀毕业生。

（2）良好的企业声誉有助于巩固与利益相关者之间的关系。

"良好的声誉"和"企业与利益相关者之间关系的改善"是会相互强化的。许多著名的学术论文的作者都持有相同的观点。所以应该重视声誉在吸引和维持关键利益相关者方面能够产生的优势，因为，转移的经济边界会受到政治转移成本的影响，即以前的历史、以前的联盟和过去的声誉（再加上预期的声誉）能够产生政治成本并且会吸引关键利益相关者留在原地。此外，良好声誉通常能使企业在与利益相关者进行协商时具有一定优势。他们的研究表明建立一种良好的企业声誉能够创造市场进入壁垒和抵御进入者，从而巩固企业在竞争中的战略性定位。我国学者张四龙、周祖成认为，良好的声誉有助于企业巩固和促进和供应商之间交易关系（指彼此信任基础上的持续性买卖关系）的建立，在商务谈判中发挥杠杆作用，降低企业营运成本，使企业能够以较低的价格采购质量可靠的原材料。

（3）良好的企业声誉有助于提高企业的财务业绩。

企业的声誉与它的财务业绩之间的关系是极为复杂的。研究声誉与财务业绩的关系需要一个强大的理论模型。这个模型能够识别一个企业以往声誉和完整的业绩历史对后来利润的贡献，以及包括其他产业水平和企业水平变量以及时间变化的评价标准。由于缺乏这样一个模型，早期研究发现企业的社会责任声誉对于业绩的各种测量结果几乎没有影响，所以他们认为"把财务业绩作为（声誉的）影响变量考虑会更有效"。尽管如此，后来不少学者的实证研究表明，良好的声誉对财务业绩有积极的影响。研究发现，良好的企业声誉有利于保持长期的超额利润，企业利润总是会随着声誉的改善而增加，所以那些有着难以被模仿的良好声誉的企业也更可能成功地维持出众的财务业绩。我国学者张四龙、周祖成也认为良好的企业声誉能提高经济效益，而糟糕的企业声誉会损害经济效益。

（4）良好的企业声誉有助于吸引并留住消费者和投资者。

在具有良好声誉的企业中，有关企业组织的产品和融资计划可以吸引更多的消费者和投资者，而且可以制定较高的价格。在产品服务市场中，良好的企业声誉会增加顾客对产品和服务、广告内容以及购买决策的信心。当顾客在心中加工处理某企业产品的某广告时，该公司的声誉在顾客的心目中是最重要的，顾客重视与高声誉企业进行的联系和交易。当顾客认为企业声誉非常卓越时，忠诚度会变得越来越强，而企业通过提高顾客忠诚度能够实现昂贵的价格和更高的购买率。张四龙等人认为，良好的企业声誉能导致产品需求增加，并带来溢价收入。此外，良好的声誉在资本市场上更有用，股东可能会因为声誉而放弃出售股票的念头，它还能吸引更多投资者，降低资本机会成本。良好声誉的企业遭遇风险的概率较小，即使真的遭遇风险，也能够以较低的成本应对。张四龙、周祖成认为，声誉良好的公司一般都建立了严密的内控体系，往往能对预警信号作出快速反应，将危机消除在萌芽状态。即使由于过去或不可预测的因素发生丑闻或危机，企业的声誉光环也能减弱危机的冲击力，起到平抑危机的作用。

综上所述，大部分的学者和从业者都认为企业声誉是一个反映企业管理和控制的有效性的重要标志，企业声誉是一种稀有的、有价值的可持续的、竞争对手难以模仿的无形资产。因此，企业声誉是实现战略性竞争优势的有用工具。但是，必须意识到建立良好的声誉需要时间和精力，而且声誉对企业的影响需要长期的积累才能变得显著。

附录 4
企业文化与企业声誉

　　文化作为一个组织概念，是从社会人类学脱胎而来。社会人类学重点研究群体的观念、价值、语言、行动，以及这些特性从一代人传到另一代人的方式。组织还有某些普遍特征，这些特征是组织成员共有的，并被他们永远流传。企业文化被解释为组织内一些妥善处理内部环境和外部环境的假设、信仰和价值观的集合，它们被传给新成员以指导他们在这些环境中的行为。

　　企业文化有两个层次。深层的文化包括组织成员共有的价值观。这些价值观在长时间内比较稳定，并随组织结构的变化而被传给新成员。通常这些价值观在组织内根深蒂固，组织成员因此常常意识不到它们的存在，除非提醒他们去注意这些价值观。因而，这些价值观很难被外部人士发现，因为它们虽然是企业活动的基础，但实际上却是看不见的。甚至，就连直接询问也得不出雇员们所无意识地遵守的价值观。

　　文化的第二层次包括指导组织成员日常行为活动的规范。行为规范可以从组织成员的服装、语言和态度上看出来。行为规范是从组织的共有价值观发展而来，虽然个人的价值观可能无法从组织价值观中分辨出来。这些规范常常是作为一系列价值观的综合结果发展而来的。行为规范通常不易变化，共同价值观则更难改变。

　　文化在组织的整个生命中不断发展变化。创建者们的观念和价值观被组织的其他成员接受并共同分享就产生了组织文化。创建者的价值观为组织最初的一组观念提供了基础。最初的这组观念是关于组织应如何与其外部环境相关联的问题。它们包括最初的核心任务、目标和策略，还包括用于实施、评估和改良策略的方法。这些观念和价值观指导组织去认识什么是组织生存和成功的合适行为。

除了创建者的影响之外，当一个精明强干的新领导掌握领导权后，企业文化也会有巨大的发展。在某些组织中，创建者发展出的文化无效且不牢固；另一些组织中的文化在初期表现很好，但后来却不能适应环境的变化。强生公司创建于1887年，而极为成功的强生文化的创立归功于其中之一名创建者的儿子罗伯特·伍德·约翰逊将军，他于1932年就任公司总裁。

文化价值观还为企业统一内部环境提供了指导，它提供了内部沟通所必需的一般术语和概念。文化使组织对其成员范围产生了共识，也就决定了谁应该被包括在内，谁应被排除在外。获得权利、保有权利和失去权利的规则和奖惩规则是组织文化的一部分。文化还描述了适宜的同伴关系，最终形成公司的意识形态。这种意识形态包括企业的共同假设、未来的希望和理想、目前实际状况，还可能包括对那些无法解释的行为的合理文饰。而这种统一的内部环境能成功地发挥作用并妥善应对公司的外部环境，同时，对外部环境相关特性的共有观念指导了内部环境中结构的形成和运作关系的形成。

因此，文化的作用表现为通过影响企业的内部行为和外部行为来促进企业的生存。它促使组织成员按其认为能够成功的方式一致行动。当环境发生变化而这种行为不再意味着成功的时候，需要重新考虑价值观，必要时调整它们，以便更适应环境变化。这种调整一般是一个缓慢的过程，有时过慢以至于不能保证企业的生存。但另一方面，变化过快会导致行为过激，使文化不稳固。

附录5
企业社会责任与企业声誉

近年来，"企业社会责任"一词越来越多地见诸媒体，类似的提法还有"企业公民""企业责任""三重底线"等，这些词汇到底指的是什么意思呢？

企业社会责任是英文 Corporate Social Responsibility 的直译，也就是很多人所说的 CSR。目前理论界一般认为，是英国学者欧利文·谢尔顿在 1924 年最早提出了"企业社会责任"的概念。

企业社会责任在全球并没有统一的定义，在不同的历史时期，它所代表的含义不尽相同。随着时代的发展，企业社会责任的概念也不断充实、完善。

在 20 世纪 30 年代之前，权威的观点认为企业的社会责任就是通过管理获取最大利益。1919 年，美国密歇根法院就曾宣称：企业机构运营的主要目的是为股东赚取利润。这种观点完全确认了企业的经济功能对社会进步的作用，得到企业界的普遍认可和推行。

从 20 世纪 30 年代到 20 世纪 60 年代早期，企业管理者的角色从原来的授权者变成了受权者，其职能也相应地由追求利润扩展为平衡利益。企业从要向所有者负责转变为要向更多的利益相关者负责。在这一阶段，公众成为推动转变的主角。他们要求企业更多地关注员工和顾客的利益和要求，更多地参与改善工作条件和消费环境的工作，为社会的发展发挥更突出的作用。他们不断在公开场合喊出他们对企业的期望。优秀的企业积极响应公众的期望，并且取得公众的支持。

不过企业社会责任的发展并非一帆风顺，而是始终伴随着反对的声音。在 20 世纪七八十年代，诺贝尔经济学奖得主、新古典主义经济学之父米尔顿·

弗里德曼成为反对企业履行社会责任的领军人物。他多次在各种场合论及企业社会责任问题，无一例外地坚持批判的立场。弗里德曼认为，公司只有在追逐更多利润的过程中才会增加整个社会利益，如果公司管理者出于社会责任的目的花公司的钱，实质上就是像政府向股东征税一样，那么就失去了股东选择管理者的理由。

20 世纪 90 年代以来，全球化的进程加快，跨国公司遍布世界各地。但是生态环境恶化、自然资源破坏、贫富差距加大等全球化过程中的共同问题引起了世界各国，不仅是发达国家，而且包括发展中国家的关注和不安。恶意收购、"血汗工厂"也引起了人们对过分强调股东利益的不满。企业在发展的同时，承担包括尊重人权、保护劳工权益、保护环境等在内的社会责任已经成为国际社会的普遍期望和要求，关于社会责任的倡议和活动得到了来自全世界的广泛支持和赞同。

1997 年，英国学者约翰·埃尔金顿提出了三重底线理论，认为企业要考虑经济、社会和环境三重底线，即要拥有确保企业生存的财务实力，同时必须关注环境保护和社会公正。三重底线理论提出之后，逐渐成为理解企业社会责任概念的共同基础。

进入 21 世纪，企业社会责任呈现出促进力量多元化、责任运动国际化、责任发展标准化的趋势，联合国、世界银行、欧盟、国际标准化组织等分别从不同角度对企业社会责任进行了定义，现介绍如下：

（1）联合国全球契约。

联合国全球契约认为企业履行社会责任，应遵循"全球契约"十项原则，包括人权、劳工、环境和反腐败四个方面。定义强调企业社会责任的内容，体现联合国推崇的价值观、关注重点和新千年目标。

（2）世界银行。

企业社会责任，是企业与关键利益相关方的关系、价值观、遵纪守法以及尊重人、社区和环境有关的政策和实践的集合，是企业为改善利益相关方的生活质量而贡献于可持续发展的一种承诺。

（3）欧盟。

欧盟先后提出过四个企业社会责任定义，应用最为广泛的是2001年提出的企业社会责任，是指企业在自愿的基础上，把社会和环境的影响整合到企业运营以及与利益相关方的互动过程中。

（4）世界经济论坛。

世界经济论坛认为企业社会责任包括四个方面：一是良好的公司治理和道德标准，主要包括遵守法律、道德准则、商业伦理等；二是对人的责任，主要包括员工安全、平等就业、反对歧视等；三是对环境的责任，主要包括保护环境质量，应对气候变化和保护生物多样性等；四是对社会进步的广义贡献，如参与社会公益事业、服务消除社会贫困等。定义强调企业社会责任的内容，认为企业在性质上要承担法律、道德和伦理责任；要对员工、环境和社会承担责任。

（5）世界可持续发展工商理事会。

该机构先后提出了两个概念。

1999年：企业社会责任是指企业致力于推进可持续的经济发展，与员工及家属、所在社区以及广义社会共同努力，提高他们的生活质量。

2000年：企业社会责任是指企业采取合乎道德的行为，在推进经济发展的同时，提高员工及家属、所在社区以及广义社会的生活质量。

（6）国际商业领袖论坛。

2003年，国际商业领袖论坛提出的企业社会责任定义为：企业以伦理价值为基础，坚持开放透明运营，尊重员工、社区和自然环境，致力于取得可持续的商业成功。

定义强调企业社会责任的性质和内容，认为企业社会责任要遵从商业伦理，对员工、社区和环境担负责任，并且认为只有这样，企业的商业成功才可以持续。

（7）社会责任网络。

企业社会责任是指企业政策、运营和行为要充分考虑投资者、消费者、员工和环境等利益相关各方的利益。定义强调企业履行社会责任的内容，强调企业不但要对股东负责，而且要对其他利益相关方负责。

（8）国际雇主组织。

企业社会责任是企业自愿性的举措，企业有权决定是否在超越国家法律范围之外做出其他社会贡献。定义强调企业履行社会责任的性质。

（9）国际标准化组织。

国际标准化组织积极推进社会责任标准ISO 26000的制定工作，提出社会责任的最新定义：组织社会责任，是组织对运营的社会和环境影响采取负责任的行为，即行为要符合社会利益和可持续发展要求；以道德行为为基础；遵守法律和政府间契约；并全面融入企业的各项活动。

企业社会责任概念在我国的发展，经历了从视其为单纯的贸易壁垒到认为其符合和谐社会主流价值观的巨大转变。

20世纪90年代中期，跨国公司的"工厂守则"运动在中国兴起。家乐福、耐克、锐步等跨国公司开始对其供应商进行社会责任审核。在此阶段，企业社会责任的概念，更多的是等同于《国际劳工标准》，且在相当程度上被认为是发达国家对中国企业实施的贸易壁垒。

20世纪90年代末，中国的理论界，主要是法学界，从法律角度对企业社会责任进行了比较系统的研究，如刘俊海、卢代富等。卢代富在《企业社会责任的经济学与法学分析》一书中把企业社会责任定义为：企业在谋求股东利润最大化之外所负有的维护和增进社会公益的义务。这一定义采用狭义的社会责任观，认为企业社会责任是利润目标以外的其他义务。

在我国政府提出全面落实科学发展观、构建社会主义和谐社会之后，企业社会责任的概念在我国得到了很大的普及,引起了政府、企业与社会的极大关注。在翻译借鉴国外文献的基础上,社会各界提出了很多大同小异的定义。例如,中国可持续发展工商委员会把企业社会责任定义为:"企业不仅应对股东负责,还应该向其他对企业做出贡献或受企业经营活动影响的利益相关方负责。在层次上,这些责任包括经济的、法律的、伦理的和其他方面酌情而定的要求。"

　　"企业社会责任"的概念表述千差万别,说明此概念的内涵丰富,是一个在动态中不断发展的概念。无论是西方发达国家,还是在我国,定义企业社会责任主要包括三方面维度:内容(履行哪些责任,WHAT);方式(如何履行,HOW);动力(为什么履行,WHY),见附图1。

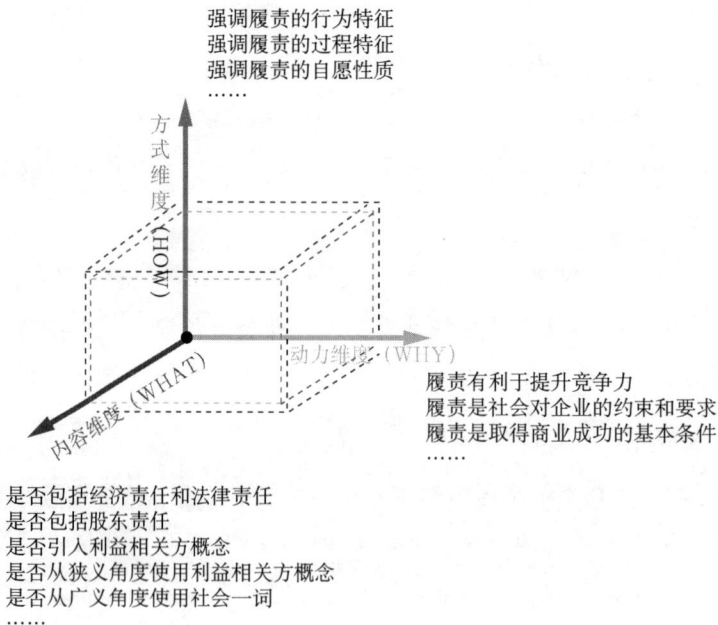

附图1　理解企业社会责任内涵的三维模型

附录6
企业声誉对企业成长的影响

一、企业声誉影响资本成长

企业声誉被认为是企业最重要的一种无形资产，具有重要的资本效应。企业声誉会对企业的资本成长产生积极性的影响。

首先，良好的企业声誉有助于企业在资本市场上进行融资，从而扩大资本规模。良好的企业声誉使企业在资本市场上具有更强的竞争力，股东可能会因为声誉而放弃出售股票的念头，同时还能吸引更多投资者，给企业增资带来有利条件，并降低融资成本。同时，具有良好声誉的企业也能以更快、更优惠的条件从银行或其他金融机构获得贷款，从而扩充企业资本。

其次，良好的企业声誉在企业对外投资时可以获得投资溢价，取得声誉租金。研究发现，企业声誉作为一种无形资本，可作为实际资本的替代，以股权等形式对外部分企业投资。IBM组织了风险投资集团（以下简称"风投"），该风投与一般意义的风投不一样，很少直接投入现金，而是以它的声誉、服务和技术（软硬件）来获得目标企业的股权。

最后，良好的企业声誉也有利于企业间资本的联合或投资，从而扩大企业资本规模。良好的企业声誉有助于企业吸引合资伙伴，形成合作关系、战略联盟以及股权投资。另外，良好的企业声誉有助于提高企业的财务绩效，从而有助于企业资本的内生性增长。研究发现，在《Fombrun》"最受尊敬企业"（GMAC）声誉排名中前十名的企业，在长达13年的时间里绩效是市场平均水平的两倍。研究表明，在企业声誉上的投资对于企业的未来财务业绩有积极的影响。企业利润能随着企业声誉的改善而增加，且良好的企业声誉有助于企业较长时间地保持良好的财务绩效。

二、企业声誉影响业务成长

良好的企业声誉不仅能促进企业的资本成长，也能促进企业的业务成长。

首先，企业良好的声誉有助于提高客户满意度与忠诚度，进而刺激客户需求，提高销售收入。如果消费者在做出购买决策前无法获得必要信息对产品特性进行充分的评估，消费者会以对生产该产品的印象来做出推论，而良好的企业声誉会增加消费者在购买决策过程中对产品、服务、广告申明的信任。基于对企业良好信誉的感知，消费者会愿意与其进行联系和交易。良好的企业声誉会简化顾客的决策程序来刺激购买，进而提高再次购买企业产品或服务的可能性。另外，良好的企业声誉也有助于提高消费者的忠诚度，从而使他们更愿意把企业的产品或服务介绍给身边的人，进而增加企业的销售收入。

其次，良好的企业声誉有助于提高产品溢价。产品溢价可以描述为好声誉企业的产品与同类质量的产品相比，在市场上拥有更高的价格。在现实中，具有品牌和声誉优势的企业，产品的价格往往高于同行业的一般企业。更高的销售价格将有助于企业扩大销售收入，进而有助于企业的业务成长。

再次，良好的企业声誉也有助于企业进入新的业务领域，从而改善公司的业务结构。良好的企业声誉会改善和强化企业与利益相关者之间的关系，有助于企业跟产业链的上下游企业形成更紧密的合作关系，有助于企业巩固和促进与供应商的关系，从而发现新的商业机会，进入新的业务领域。也研究发现，良好的声誉是企业的一张靓丽的名片，有助于企业多元化战略的选择和实施。具有良好声誉的企业在多元化的战略选择中更容易取得成功，从而使其业务结构更加合理。

三、企业声誉危机对企业成长的影响

当企业声誉危机发生时，不同的处理态度可能会带来完全不同的结果，对企业的发展和成长也会产生不同的影响。

（一）积极处理危机 促进企业成长

2000 年年底，国家药品监督管理局发布暂停使用和销售含有 PPA 的感冒药剂，其中包括中美史克公司在华的当家药品"康泰克"和"康得"。尽管该公司实力雄厚，但此突发事件如果处理不当，对其整体声誉和本公司其他知名品牌（如"芬必得"、"肠虫清"等）的经营无疑会造成很大的负面影响。好在中美史克平时比较注重售后服务，有良好的品牌形象，加上在危机出现后，该企业及时开展了卓有成效的危机公关工作，他们一方面迅速行动，宣传暂停生产和销售"康泰克"和"康得"；另一方面召开新闻恳谈会，向媒体通报最新消息，同时抓紧时间研制推出了新的不含 PPA 的"康泰克"，企业不仅保住了原有的市场份额，而且争取到了消费者更大的信任。

再看可口可乐公司处理比利时中毒事件的案例。2000 年夏天，当软饮料销售旺季来临的时候，比利时却连续发生几起可口可乐饮料中毒事件。在危机面前，可口可乐公司没有逃避、辩护，而是以最快的速度赔偿和安抚好受害者，并提出令人信服和调查报告。报告坦然承认比利时可口可乐的异味来自不纯正的二氧化碳和空罐底部的废料，整个调查由公司内外的专家共同进行，具有很强的权威性。此后，可口可乐公司又不惜成本回收了当地所有的可口可乐系列产品，公司总裁艾华士还亲自飞抵比利时处理善后事宜，并特地当场喝了一瓶可口可乐。这张艾华士喝可口可乐的照片象征着危机化解的信号，通过各种媒体传遍世界，各国对可口可乐禁令自然解除，一场危机就这样有惊无险地化解了。

在可口可乐公司的百年发展史中，不知经历过次危机，但它并没有因为

自己是全球饮料行业的"老大"而在出现意外事件时凌驾于消费者之上。恰恰相反，可口可乐公司不管是平常还是在处理危机事件的过程中，一直以一种富有人情味的态度来对待消费者，只要自己的产品或服务有半点差错，就积极主动地向消费者道歉，而不是以辩解来推脱责任，体现了企业彻底对消费者负责的企业文化，因而即便可口可乐公司产品或服务出现了某些问题，一般也会获得消费者的理解和宽恕。

（二）消极处理危机危害企业成长

企业声誉危机发生时，消极处理会危害企业的成长，甚至导致企业破产，下面来看山东秦池酒厂危机处理不当导致破产的案例。

1996 年 11 月 8 日下午，中央电视台传来一个令全国震惊的新闻：名不见经传的秦池酒厂以 3.2 亿元人民币的"天价"，买下了中央电视台黄金时间段广告，从而成为令人炫目的连任两届"标王"。1995 年该厂曾以 6666 万元人民币夺得"标王"。

秦池酒厂是山东省临朐县的一家生产"秦池"白酒的企业。1995 年厂长赴京参加第一届"标王"竞标，以 6666 万元的价格夺得中央电视台黄金时段广告"标王"后，引起大大出乎人们意料的轰动效应，秦池酒厂一夜成名，秦池白酒也身价倍增。中标后的一个多月时间里，秦池就签订了 4 亿元的销售合同；头两个月秦池销售收入就达 2.18 亿元，实现利税 6800 万元，相当于秦池酒厂建厂以来前 55 年的总和。1996 年秦池酒厂的销售也由 1995 年只有 7500 万元一跃成为 9.5 亿元。事实证明，巨额广告投入确实带来了"惊天动地"效果。

一则新闻报道让一个内幕浮出水面：秦池每年的原酒生产能力只有 3000 吨左右，它从四川收购了大量的散酒，再加上本厂的原酒、酒精，勾兑成低度酒，然后以"秦池古酒"、"秦池特酿"等品牌销往全国市场；秦池的罐装线基本是手工操作，每条线周围有十多个操作工，酒瓶的内盖是专门由一个人用木榔头敲进去的……

这个新闻报道对秦池而言无异于晴天霹雳，消息像滚雷一般迅速地传播到了全国各地，在很短的时间里，这则报道被国内无数字报刊转载。当年秦池销售额滑落至 6.5 亿元，1998 年仅为 3 亿元。2000 年因为一起官司，秦池败诉，并裁定拍卖"秦池"商标，2004 年，秦池酒厂被资产整体出售。

在媒体把问题报道后，作为秦池的高层，没有及时地把危机的苗头扼杀于萌芽之中，面对全国媒体一片讨伐声，铺天盖地的负面报道，秦池集团却是陷入一个巨大的陷阱中不能自拔，最终导致集团的破产。因此，一味消极地处理，甚至逃避企业面临的声誉危机，会对企业成长造成不良影响，甚至会失去市场，导致不可挽回的损失。

参考文献

一、英文部分

[1] Aaker D A. Leveraging the corporate [J].California Management Review, 2004(3):6-18.

[2] Abimbola T, Vallaster C. Brand, organisatinal identily and reputation in SMEs:An overview[J].Qualitative Market Research, 2007(10):341-348.

[3] Argenti P A, Druckenmiller B. Reputation and the Corporate Brand[J]. Corporate Reputation Review, 2004(4):368-375.

[4] Banks K F. Crisis Communications: A Casebook Approach[M].New Jersey: Lawrence Erlubaum Associates, 1996:22.

[5] Balmer J M T, Greyser S A. Corporate marketing–Integrating Corporate identity, corporate branding, corporate communications, corporate image and corporate reputation[J].European Journal of Marketing, 2006(7-8):730-741.

[6] Bapuji H, Crossan M. From questions to answers: Reviewing organizational learning research[J].Management Learning, 2004(4):397-417.

[7] Barro R J, Gordon D B, Taylor J B. Rules, discretion and reputation in a model of monetary policy comments[J].Journal of Monetary Economics, 1983(1):101-121.

[8] Barnett, Jemier, Lafferty. Reputation: The Definitional Landscape [J]. Corporate Reputation Review, 2006, 9(1):26-38.

[9] Barney J B. Firm Resources and Sustained Competitive Advantage[J]. Journal of Management, 1991, 17(1):99-120.

[10] Barney J B. Gaining and Sustaining Competitive Advantage(2nd Ed.)[M]. New York:Pearson Education, Inc, 2002.

[11] Basdeo D K, Smith K G, Grimm C M, Rindova V P, Derfus P J. The impact of market actions on firm reputation[J]. Strategic Management Journal, 2006(27):1205-1219.

[12] Bentley P M. Structural Modeling and Psychometrika:on Growth and Achievements.[J]. Psychometrika, 1986(1):35-51.

[13] Bentley P M, Bonnet D C..Significance Tests and Goodness-of-Fit in the Analysis of Covariance Structure[J]. Psychological Bulletin, 1980, 88(3):588-606.

[14] Brammer S J, Pavelin S. Corporate reputation and social performance: The importance of fit[J]. Journal of Management Studies, 2006(1):435-455.

[15] Brammer S, Pavelin S.Building a Good Reputation[J]. European Management Journal, 2004, 22(6):704-713.

[16] Brickson S. Exploring identity: Where are we now?[J].Academy of Management Review, 2000(25):147-148.

[17] Bromley D B. Psychological aspects of corporate identity, image and reputation [J].Corporate Reputation Review, 2000(3):240-252.

[18] Bromley D B. Relationships between personnal and corporate reputation [J].European Journal of Marketing, 2001(3/4):316-334.

[19] Brown B, Perry S. Removing the financial performance halo from Fortune's "most admired" companies [J]. Academy of Management Journal, 1994(5):1347-1360.

[20] Deephouse D L. Media Reputation as a Strategic Resource:An Integration of Mass communication and Resource-based Theories[J]. Journal of Management,

2000(26):1091-1112.

[21] Deephouse D. The Term "Reputation Management": Users, Uses and Trademark Tradeoff[J]. Corporate Reputation Review, 2002, 5(1):9-16.

[22] Dranove D, Shanley M. Cost reductions or reputation enhancement as motives for mergers: The logic of multihospital systems[J]. Strategic Management Journal, 1995(1):55-74.

[23] Dutton J E, Dukerich J M. Keeping an eye on the mirror:Image and identity in organizational adaptation[J]. Academy of Management Journal, 1991(3):517-554.

[24] Dutton J E, Dukerich J M, Harquail C V. Organizational images and member identification[J]. Administrative Science Quarterly, 1994(39):239-263.

[25] Dentchev N A, Heene A. Managing the Reputation of Restructuring Corporations: Send the Right Signal to the Right Stakeholder[J]. Journal of Public Affairs, 2004, 4(1):56-73.

[26] Dollinger M J, Golden P A, Saxton T. The effect of reputation on the decision to joint venture[J]. Strategic Management Journal, 1997, 18(2):127-140.

[27] Dolphin R R. Corporate Reputation-a Value Creating Strategy[J]. Corporate Governance. Bradford, 2004, 4(3):77-93.

二、中文部分

[1] 诺曼·R.奥古斯丁.对力求规避的危机的管理[A].奥古斯丁,等.《哈佛商业评论》译丛:危机管理[C].北京:中国人民大学出版社,2001.

[2] 劳伦斯·巴顿.组织危机管理[M].北京:清华大学出版社,2002.

[3] 白永秀,徐鸿.论市场秩序和企业声誉[J].福建论坛(人文社会科学版),2001(06).

[4] 贝塔兰菲.一般系统论 [M].北京：社会科学文献出版社，1987.

[5] 詹姆斯•E.波斯特，安妮•劳伦斯，詹姆斯•韦伯.企业与社会（公司战略.公共政策与伦理）第 10 版 [M].北京：中国人民大学出版社，2005.

[6] 曹凤岐.中国上市公司管理 [M].北京：北京大学出版社，2003.

[7] 陈忠卫.团队管理理论述评 [J].经济学动态，1999（08）.

[8] 陈加轩.声誉管理初探 [J].经营与管理，1999（05）.

[9] 陈加洲，凌文辁，方俐洛.员工心理契约结构维度的探索与验证 [J].科学学与科学技术管理，2004（03）.

[10] 陈平，向长江.加强企业声誉管理的探讨 [J].郑州航空工业管理学院学报，2003（04）.

[11] 醋卫华.公司丑闻声誉机制与董事会重构 [J].山西财经大学学报，2011（2）.

[12] 戴维斯公司治理的最佳实践经验——树立声誉和可持续的成功 [M].北京：经济科学出版社，2011.

[13] 邓晓辉.企业研究新视角：企业声誉理论 [J].外国经济与管理，2004（06）.

[14] 董立人，董立民，董常乐.强化企业声誉管理意识应对 WTO 和经济全球挑战 [J].现代管理科学，2002（11）.

[15] 查尔斯•福诺布龙，西斯•范里尔.声誉与财富 [M].北京：中国人民大学出版社，2004.

[16] 弗朗西斯•福山.信任：社会美德与创造经济繁荣 [M].海口：海南出版社，2001.

[17] 弗里曼.战略管理：利益相关者方法 [M].上海：上海译文出版社，2006.

[18] 付文阁.中国家族企业面临的紧要问题 [M].北京：经济时报出版社，

2004.

[19] 高厚礼. 构建企业声誉管理体系的对策研究 [J]. 华东经济管理, 2003 （04）.

[20] 干勤. 对我国企业加强声誉管理的思考 [J]. 南京经济学院学报, 2001 （02）.

[21] 干勤: 国内外企业声誉管理研究报告 [J]. 企业文明, 2005（05）.

[22] 和芸琴. 员工. 内部沟通和企业声誉 [J]. 社会科学辑刊, 2007（5）.

[23] 韩巍. 基于文化的企业及企业集团管理行为研究 [M]. 北京: 机械工业出版社, 2003.

[24] 韩兴武. 企业声誉的提升与维护 [J]. 经济论坛, 2004（11）.

[25] 何志毅. 对中国最受尊敬企业评价方法和体系的思考 [J]. 经济管理, 2002（23）.

[26] 黄亮华. 企业声誉和财务绩效关系研究 [D]. 浙江大学, 2005.

[27] 姜春海. 我国企业声誉管理的问题与对策 [J]. 中国工商管理研究, 2002（08）.

[28] 蒋静. 情感承诺与企业文化探析——对一个小型企业的调查 [J]. 南京工程学院学报（社会科学版）, 2005（03）.

[29] 凯文·杰克逊. 声誉管理 [M]. 北京: 新华出版社, 2006.

[30] 金康伟, 王水嫩. 论企业声誉管理 [J]. 经济论坛, 2004（12）.

[31] 孔志国. 信任的危机: 中国当代社会热点问题十三讲 [M]. 北京: 团结出版社, 2003.

[32] 杰斯帕·昆德. 公司精神（第 2 版）[M]. 昆明: 云南大学出版社, 2002.

[33] 李建军. 企业文化与制度创新 [M]. 北京: 清华大学出版社, 2004.

[34] 李胜杰. 信任的力量 [M]. 北京: 中信出版社, 2004.

[35] 林建煌.战略管理 [M].北京：中国人民大学出版社，2005.

[36] 刘刚.危机管理 [M].北京：中国经济出版社，2004.

[37] 刘靓.企业声誉的构成及其驱动因素测量研究 [D].浙江大学，2006

[38] 刘志刚.消费者视角的企业声誉定量评价模型研究 [D].浙江大学，2006.

[39] 刘子操，苗立静.保险公司声誉管理与企业文化建设 [J].保险研究，2005（2）.

[40] 罗斯.公司声誉危机——维护与修复的 12 步骤 [M].上海：上海交通大学出版社，2009.

[41] 缪荣，茅宁.公司声誉管理模型探讨 [J].管理现代化，2003（03）.

[42] 潘东旭，周德群.现代企业诚信：理论与实证研究 [M].北京：经济管理出版社，2006.

[43] 潘松挺，姜涛.企业家声誉结构及声誉驱动机理的研究综述 [J].科学决策，2011（2）.

[44] 孙玉红.直面危机——世界经典案例剖析 [M].北京：中信出版社，2004.

[45] 王新新.声誉管理理论及其发展 [J].经济学动态，1998（02）.

[46] 王乐.CEO 声誉定量评价研究 [D].硕士学位论文，浙江大学，2004.

[47] 赫伯特·西蒙.管理决策新科学 [M].北京：中国社会科学出版社，1982.

[48] 席酉民，尚玉钒.和谐管理理论 [M].北京：中国人民大学出版社，2002.

[49] 罗伯特·希斯.危机管理 [M].北京：中信出版社，2001.

[50] 徐超.民营企业家声誉管理的几点思考 [J].国际公关，2005（03）.

[51] 徐金发，刘靓.企业声誉定义及测量研究综述 [J].外国经济与管理，

2004（09）.

[52] 徐金发，龚杨达，刘志刚.企业声誉对顾客忠诚的作用机制研究 [J].
外国经济与管理，2005（07）.

[53] 徐金发.企业软实力与声誉管理 [M].北京：社会科学文献出版社，
2010.

[54] 许芳.如何进行危机管理 [M].北京：北京大学出版社，2004.

[55] 晏国祥.企业声誉测评指标体系 [M].北京：经济科学出版社，2009.

[56] 严莉.声誉管理：企业竞争新武器 [J].计划与市场，2001（06）.

[57] 鄢勇.管理道德的评判——基于利益相关者理论的分析 [J].科学学与
科学技术管理，2003（12）.

[58] 戴维斯•扬.创建和维护企业的良好声誉 [M].上海:上海人民出版社，
1997.

[59] 叶秉喜，庞亚辉.危机管理定乾坤 [M].北京：电子工业出版社，
2005.

[60] 应焕红.公司文化管理——永续经营的动力源泉 [M].北京：中国经
济出版社，2001.

[61] 余鑫.企业家声誉机制机理研究 [J].企业经济，2005（10）.

[62] 张四龙，周祖城.论企业声誉管理的必要性 [J].技术经济，2002（02）.

[63] 林景新.声誉危机自救术 [J].董事会，2009（12）.

[64] 林景新.透明时代企业声誉危机管理 [J].现代企业文化，2009（11）.